FERNANDA CARDOSO

NOVE CLÁSSICOS DO DESENVOLVIMENTO ECONÔMICO

Paul Rosenstein-Rodan
Hans Singer
Ragnar Nurkse
Arthur Lewis
Albert Hirschman
Gunnar Myrdal
Michal Kalecki
Raúl Prebisch
Celso Furtado

PACO EDITORIAL

Conselho Editorial

Profa. Dra. Andrea Domingues
Prof. Dr. Antônio Carlos Giuliani
Prof. Dr. Antonio Cesar Galhardi
Profa. Dra. Benedita Cássia Sant'anna
Prof. Dr. Carlos Bauer
Profa. Dra. Cristianne Famer Rocha
Prof. Dr. Cristóvão Domingos de Almeida
Prof. Dr. Eraldo Leme Batista
Prof. Dr. Fábio Régio Bento
Prof. Dr. Gustavo H. Cepolini Ferreira
Prof. Dr. Humberto Pereira da Silva
Prof. Dr. José Ricardo Caetano Costa
Profa. Dra. Ligia Vercelli
Prof. Dr. Luiz Fernando Gomes
Prof. Dr. Marco Morel
Profa. Dra. Milena Fernandes Oliveira
Prof. Dr. Narciso Laranjeira Telles da Silva
Prof. Dr. Ricardo André Ferreira Martins
Prof. Dr. Romualdo Dias
Profa. Dra. Rosemary Dore
Prof. Dr. Sérgio Nunes de Jesus
Profa. Dra. Thelma Lessa
Prof. Dr. Vantoir Roberto Brancher
Prof. Dr. Victor Hugo Veppo Burgardt

©2018 Fernanda Cardoso
Direitos desta edição adquiridos pela Paco Editorial. Nenhuma parte desta obra pode ser apropriada e estocada em sistema de banco de dados ou processo similar, em qualquer forma ou meio, seja eletrônico, de fotocópia, gravação, etc., sem a permissão da editora e/ou autor.

CIP-BRASIL. CATALOGAÇÃO NA PUBLICAÇÃO
SINDICATO NACIONAL DOS EDITORES DE LIVROS, RJ

C262n

Cardoso, Fernanda
Nove clássicos do desenvolvimento econômico/ Fernanda Cardoso. – 1. ed. – Jundiaí [SP]: Paco, 2018.
156p.; 21 cm.

Inclui bibliografia
ISBN: 978-85-462-1156-2

1. Teoria econômica. 2. Economia - História. 3. Desenvolvimento econômico. 4. Economistas – Influência. I. Título.

Vanessa Mafra Xavier Salgado – Bibliotecária – CRB-7/6644
18-53602
CDD:330.1
CDU:330.1

Paco Editorial
Av. Carlos Salles Block, 658
Ed. Altos do Anhangabaú, 2º Andar, Sala 21
Anhangabaú - Jundiaí-SP - 13208-100
11 4521-6315 | 2449-0740
contato@editorialpaco.com.br

À memória de meu pai, Antonio.
À minha mãe, Graciete.
À minha filha, Maria Clara.
À beleza da continuidade da vida.

SUMÁRIO

Apresentação 9

Prefácio 11

Introdução 17

Capítulo 1
A teoria do grande impulso de Rosenstein-Rodan 21
    Origem da economia do desenvolvimento e
    os limites da ciência econômica 22
    Industrialização não espontânea e suas duas vias 24
    Investimento em bloco e a teoria do grande impulso 28
    Desigualdade entre nações 32
    Conclusão: para promover o Big Push 34

Capítulo 2
Singer e a distribuição desigual de ganhos entre as nações 35
    Formação intelectual: de Schumpeter a Keynes 36
    Distribuição desigual de ganhos entre as nações 38
    Desenvolvimento no contexto do subdesenvolvimento 41
    Conclusão: para romper com a desigualdade
    da distribuição de ganhos entre as nações 45

Capítulo 3
O círculo vicioso da pobreza de Nurkse 47
    As duas terças partes mais pobres do mundo 47
    O círculo vicioso da pobreza 48
    Desemprego disfarçado e poupança
    oculta de países densamente povoados 52
    Efeito demonstração e seus limites ao desenvolvimento 53
    Coalizão nacional para o desenvolvimento 56
    Conclusão: para romper com o círculo vicioso da pobreza 57

Capítulo 4
Lewis: oferta ilimitada de mão de obra
e a dualidade estrutural   59
    Oferta ilimitada de mão de obra e dualidade estrutural   60
    Distribuição funcional da renda e acumulação de capital 62
    Instituições e retroalimentação positiva   64
    O processo de desenvolvimento e o papel do Estado   66
    Conclusão: para superar o mar de atraso   69

Capítulo 5
Os efeitos de encadeamento de Hirschman   71
    Fracassomania e determinação   72
    Complementariedade do investimento
    e o processo desequilibrado de desenvolvimento   74
    Encadeamentos para frente e para trás   80
    Conclusão: estratégia para o desenvolvimento econômico   83

Capítulo 6
Myrdal e a causação circular cumulativa   85
    Crescente desigualdade internacional
    e causação circular cumulativa   86
    Subdesenvolvimento e efeitos propulsores fracos   89
    Conclusão: para romper com a causação
    circular cumulativa que gera subdesenvolvimento   94

Capítulo 7
Michal Kalecki: os problemas cruciais dos
países subdesenvolvidos   97
    A macroeconomia de Kalecki   98
    Problemas cruciais dos países
    capitalistas subdesenvolvidos   101
    Critérios para recorrer ao capital externo   105
    Conclusão: para enfrentar os
    problemas cruciais do subdesenvolvimento   107

Capítulo 8
Raúl Prebisch: a dinâmica centro-periferia 109
   A tendência à deterioração dos termos de troca
   dos bens primários vis-à-vis os bens manufaturados 111
   O caminho (inevitável) da industrialização 115
   Processo substitutivo de importações (PSI)
   e planejamento estratégico 120
   Fundamentos do estruturalismo cepalino 124
   Conclusão: mudanças estruturais e redefinição
   do padrão de inserção externa periférico 130

Capítulo 9
Celso Furtado: a armadilha do subdesenvolvimento 133
   Complexidade, subdesenvolvimento e dependência 134
   Entraves ao desenvolvimento da periferia 137
   Desenvolvimento periférico 140
   Reformas de base 142
   Conclusão: saída para a armadilha do subdesenvolvimento 146

Referências 149

APRESENTAÇÃO

As ideias contidas neste livro foram desenvolvidas há alguns anos. O ponto de partida é a tese de doutorado, *A Armadilha do Subdesenvolvimento: uma discussão do período desenvolvimentista brasileiro sob a ótica da abordagem da complexidade*, defendida em 2012, sob orientação do estimado professor Gilberto Tadeu Lima.

Após alguns anos ministrando a disciplina Desenvolvimento Socioeconômico para discentes de graduação da UFABC, emergiu e amadureceu a ideia de organizar um livro didático que permitisse uma abordagem introdutória às teorias clássicas do desenvolvimento econômico que fundamentaram o pensamento desenvolvimentista. Da tese, foram recuperados dois capítulos, um dedicado a sete pioneiros do desenvolvimento de origem intelectual anglo-saxã e outro a dois pioneiros latino-americanos, totalizando nove clássicos do desenvolvimento econômico.

Desse modo, o livro preserva, com algumas adaptações, quase que em sua totalidade, o conteúdo da tese, embora aqui o foco esteja mais direcionado à história das ideias e menos à reflexão teórico-metodológica outrora privilegiada.

Espera-se que o livro possa contribuir para o avanço da compreensão de tema tão complexo – em termos de teoria e prática – e tão caro – senão utópico – quanto o desenvolvimento socioeconômico, por meio da apresentação e reflexão de teorias de autores que combinaram ousadia teórica, ao desafiarem os princípios do *laissez-faire*, com certa dose de otimismo quanto ao possível futuro de desenvolvimento e progresso das nações mais atrasadas no contexto do modo de produção capitalista.

Fernanda G. Cardoso

PREFÁCIO

A atualidade da contribuição textual de autores que vieram (ou passaram) a ser considerados como clássicos é uma questão recorrentemente controversa em praticamente todas as áreas da economia como campo de conhecimento. Em verdade, como outro lado da mesma moeda, a própria definição quanto a um determinado autor ser realmente merecedor de caracterização como 'clássico' no campo da economia também não é nada incontroversa.

No que diz respeito à validade do estudo de contribuições textuais produzidas em um passado mais distante, sejam elas interpretadas (ou interpretáveis) ou não como clássicas, uma exceção à regra da controvérsia, evidentemente, é a área de história das ideias econômicas. Afinal, a existência em si desse tipo de controvérsia é ela própria interpretada como uma evidência em favor da necessidade de seu estudo no âmbito da história das ideias econômicas. Entretanto, o questionamento sistematicamente sofrido pela área de história das ideias econômicas no tocante à sua importância e relevância como parte da formação básica de um economista é sintomático de quão disseminada (e, talvez não ironicamente, reproduzida ao longo do tempo) tem se tornado nas últimas décadas a crença de que o conhecimento gerado em um passado mais distante, mas ainda digno de consideração e possível resgate, já está incorporado à literatura econômica mais recente. Em uma de suas versões ao mesmo tempo mais extremadas e mais debilitadas intelectualmente, essa crença na indiscutível superioridade da literatura mais recente chega ao paroxismo de considerar que mesmo a formação de uma cultura econômica geral adequada pode seguramente prescindir da obtenção de suficiente proficiência em conhecimento econômico gerado no passado mais distante.

Embora geralmente não seja negado, ao menos explicitamente, que o legado textual de autores mais antigos (vistos como clássicos ou não) sobre temas econômicos ainda possa conter conhecimento relevante (assim definido, tipicamente, segundo metacritérios contemporâneos), a concepção predominante é que a literatura mais recente (ou melhor, a fração relevante, segundo esses mesmos metacritérios, dessa literatura) está sempre cumprindo eficientemente seu papel de garantir perenidade ao conhecimento econômico realmente relevante (assim definido, evidentemente, e por uma suposta coerência e consistência, segundo os aludidos metacritérios).

A concepção extrema oposta, porém, é simetricamente problemática: o resgate irrefletido e apologético de conhecimento econômico gerado no passado, seja em função de sua origem em um autor tido ou havido como verdadeiramente clássico, seja em decorrência de insuficiências percebidas, ainda que corretamente, na literatura subsequente, é um procedimento certamente inefetivo e, não raro, altamente contraproducente em termos de avanço do conhecimento econômico.

Mantendo-se suficientemente distante dos dois extremos mapeados (estilizadamente) acima, este livro é um resgate equilibrado de contribuições essenciais de nove autores tidos (ainda que de maneira nada incontroversa) como clássicos na área de desenvolvimento econômico, algo que por si só já promove, a meu juízo, insisto, a correta e merecida reafirmação desses autores como clássicos. Além desse mérito mais geral, algo longe de trivial, especialmente em tempos marcados pela exacerbação de diversos tipos de polarização intelectual, o livro agrupa essas contribuições dos chamados pioneiros do desenvolvimento econômico de maneira adequadamente estruturada e articulada, inclusive traçando vários paralelos analíticos entre elas. Embora o conteúdo básico deste livro já esteja presente em dois capítulos da tese de doutorado defendida pela autora em 2012, a atual versão evidencia o rápido e intenso processo de desenvolvimento intelectual pelo qual passou desde então (e tudo indica que continuará a passar) a reflexão da autora sobre o tema.

Várias observações merecidamente elogiosas poderiam ser tecidas a respeito do conteúdo deste livro, mas inclusive para não privar os leitores da experiência certamente muito mais recompensadora de travar contato com esse conteúdo através da própria autora, ater-me-ei a registrar algumas poucas observações possivelmente mais idiossincráticas. Uma primeira observação refere-se a ser certamente criativa e sugestiva a tentativa empreendida por Fernanda Cardoso no sentido de estabelecer uma associação entre vários elementos de contribuições dos autores clássicos do desenvolvimento econômico abordados no livro e a assim chamada abordagem da complexidade. Embora mais recente que o conjunto de contribuições textuais abordadas neste livro, pelo menos quando aplicada a uma tentativa de compreensão inovadora da lógica de funcionamento do sistema econômico, a abordagem da complexidade atribui primazia a uma série de elementos analíticos também contemplados, ainda que de maneira não uniforme e nem sempre explícita, na abordagem de alguns dos pioneiros do desenvolvimento econômico. Refiro-me aqui, especificamente falando, a elementos como não linearidade, efeito escala, causação cumulativa, mecanismo de retroalimentação, encadeamento em rede, dinâmica fora do equilíbrio, dependência de trajetória, fenômeno emergente e aprisionamento em um estado.

Além disso, a narrativa do livro contempla adequadamente características peculiares dos países em desenvolvimento que, na visão dos autores abordados, tornam inaplicáveis elaborações teóricas que não as incorporam explicitamente ao seu arcabouço analítico básico. Com efeito, não lhes parecia (e não parece mesmo) nada razoável fazer tábula rasa da heterogeneidade estrutural existente tanto entre países em níveis distintos de desenvolvimento, como entre regiões e setores de uma dada economia carente de maior desenvolvimento. Logo, uma adequada elaboração teórico-analítica sobre desenvolvimento econômico não apenas deve tratar a transformação estrutural como objetivo a ser alcançado, mas inclusive necessita contemplar, em seu conjunto de premissas, a heterogeneidade estrutural como característica usualmente perversa de uma economia carente de desenvolvimento.

Por fim, o resgate de contribuições textuais desses pioneiros do desenvolvimento econômico realizado com sucesso neste livro coloca sob séria suspeita a noção em voga em vários círculos acadêmicos e de política pública de que o desenvolvimento econômico é um problema exclusiva ou predominantemente microeconômico. A meu juízo, é evidente que políticas públicas direcionadas que resultem na redução da pobreza em determinadas localidades devem ser consideradas como promotoras de desenvolvimento econômico. O mesmo pode ser dito, novamente a meu juízo, insisto, a respeito de políticas públicas específicas que elevem a eficiência alocativa em determinados setores de atividade econômica. Determinados problemas econômicos associados à falta de desenvolvimento, porém, têm uma dimensão macroeconômica, seja pela sua escala (por exemplo, pobreza ou desigualdade de renda em proporção elevada), seja pela sua própria natureza (por exemplo, por exigirem transformação estrutural). Portanto, o desenvolvimento econômico é um fenômeno ao mesmo tempo micro e macroeconômico. A meu ver, muito embora a leitura bem mais frequente e disseminada da contribuição textual dos pioneiros do desenvolvimento seja a macroeconômica, igualmente válida e necessária, porquanto certamente frutífera e recompensadora, é a leitura microeconômica dessa contribuição. Afinal, entre outras razões, como bem demonstrado neste livro, cabendo à sua autora dizer se de forma intencional ou não, as dimensões micro e macroeconômica do desenvolvimento, um fenômeno adaptativo-complexo por excelência, interagem de maneira coevolutiva.

Gilberto Tadeu Lima,
professor titular do departamento de Economia da FEA-USP

INTRODUÇÃO

No contexto de efervescência da discussão do desenvolvimento econômico e de adoção de políticas de viés keynesiano, em virtude especialmente dos efeitos da Segunda Guerra Mundial sobre o mundo capitalista, a chamada economia do desenvolvimento ganhou considerável expressão no pós-guerra, marco temporal inicial da história das ideias contempladas por esse livro. O conjunto de ideias que fundamentará o desenvolvimentismo emerge como crítica ao receituário de políticas liberais – tal como a teoria das vantagens comparativas ricardiana – para geração de crescimento e desenvolvimento. O ideário desenvolvimentista, direcionado especialmente à periferia do capitalismo, terá origem em diversas nações do mundo, inclusive na própria periferia capitalista. Como inspiração teórica comum, figuram especialmente John Maynard Keynes e Joseph Schumpeter: o primeiro, pelo embasamento teórico que justifica a necessidade de intervenção estatal na dinâmica econômica a fim de alcançar resultados socialmente desejáveis; o segundo, pela ênfase na importância do progresso técnico como motor dinâmico do desenvolvimento capitalista.

Uma série de pensadores, os quais foram alcunhados posteriormente como pioneiros do desenvolvimento[1], contribuíram para a formatação do arcabouço teórico do desenvolvimentismo clássico. Nesse livro, são discutidas as contribuições de nove desses pioneiros, respectivamente: Paul Narcyz Rosenstein-Rodan, Hans Wolfgang Singer, Ragnar Nurkse,

---

1. Conforme termo utilizado por Gerard Meier e Dudley Seers. *Pioneers in Development*. Washington DC: Oxford University Press, 1984.

William Arthur Lewis, Albert Otto Hirschman, Gunnar Myrdal, Michal Kalecki, Raúl Prebisch e Celso Furtado. São nove clássicos que, apesar de suas idiossincrasias e até possíveis incompatibilidades, apresentaram perspectivas do processo de desenvolvimento alternativas à neoclássica que contemplam elementos de complexidade[2] – como análise sistêmica, heterogeneidade de agentes, efeitos cumulativos, círculos viciosos, dependência de trajetória, aprisionamento em resultados indesejáveis, dentre outros – tanto para a elaboração do diagnóstico da condição de subdesenvolvimento quanto para a indicação de estratégia para a superação dele.

Tal perspectiva dita complexa se coloca em campo oposto ao diagnóstico e estratégia liberais. A visão *laissez-faire* supunha um caráter automático, natural e equilibrado da retomada e sustentação dos processos de crescimento e desenvolvimento, desde que fossem adotadas políticas externas condizentes com a liberalização do fluxo de capitais, bens e serviços, combinadas a políticas monetária e fiscal ditas prudentes, com o intuito principal de garantir a estabilidade macroeconômica. Sob a visão liberal, o mercado disporia de mecanismos automáticos de estabilização que recolocariam os sistemas econômicos na trajetória de crescimento e desenvolvimento. Como resultado, seria observada uma convergência entre o padrão de vida vigente nas diversas nações do mundo.

Já para os pioneiros do desenvolvimento tratados por esse livro, a tendência que se mostrava era justamente outra, qual seja, de divergência crescente entre o nível de riqueza e desenvolvimento das nações, por isso a necessidade de intervenção deliberada via Estado. No entanto, implicar ao Es-

---

2. Para mais informações sobre a metodologia da abordagem da complexidade ver, por exemplo, Beinhocker (2006), Prado (2006) e Arthur (2015); para a aplicação da abordagem da complexidade ao desenvolvimento, ver, por exemplo, Hausmann, Hidalgo et al. (2015).

tado o papel de interventor e de potencial redirecionador da tendência em prol do desenvolvimento não significava que o resultado estivesse garantido – mas essa já é outra extensa e profunda discussão que ultrapassa o intuito desta obra.

O diagnóstico da condição de subdesenvolvimento como fenômeno particular, e não como etapa prévia ao desenvolvimento, levou esses nove pensadores a rejeitarem a doutrina econômica liberal como caminho para o desenvolvimento: sem industrialização, adoção de políticas protecionistas, intervenção estatal e redefinição do padrão de inserção externa, não seria possível romper com a histórica armadilha do subdesenvolvimento.

Por outro lado, há que se observar que os pioneiros, em sua ampla maioria, formaram-se intelectualmente em centros anglo-saxões, o que lhes implicou resquícios de vieses teóricos da teoria econômica tradicional, além de uma perspectiva previsivelmente eurocêntrica, que colocava o modelo de civilização europeu como meta do desenvolvimento. Além disso, a própria abrangência do conceito de desenvolvimento se modifica ao longo das décadas de 1940, 1950 e 1960,[3] o que irá se refletir na complexidade de fatores considerados pelo diagnóstico dos problemas do subdesenvolvimento e da indicação de estratégias para superá-lo. Assim, é comum observar, especialmente nos primeiros textos, uma mistura entre os conceitos de crescimento e desenvolvimento econômicos. E, posteriormente, sem ainda uma distinção muito precisa entre desenvolvimento econômico e desenvolvimento socioeconômico.

São essas reflexões teóricas importantes, mas que também extrapolam o escopo pretendido por esse livro. O principal objetivo é subsidiar uma abordagem introdutória

---

3. Para mais detalhes: Arndt Heinz Wolfgang. *Economic Development*: the History of an Idea. Chicago: The University of Chicago Press, 1987.

a esses novos pensadores econômicos, sem a pretensão de esgotar a riqueza da obra de cada um deles.

A cada autor dedica-se um capítulo particular em que são apresentados os elementos teóricos que explicam a perpetuação do subdesenvolvimento – ou seja, o diagnóstico –, bem como as estratégias sugeridas para romper com tal condição. Foram selecionados textos e livros seminais para a formação do desenvolvimentismo clássico nas décadas de 1940, 1950 e 1960, além de, em alguns casos, recorrer-se também a análises que alguns deles realizaram sobre suas teorias já na década de 1980.[4] Justamente o momento em que as estratégias desenvolvimentistas foram abandonadas e engavetadas, e em que o mundo era então atingido por uma nova onda – o neoliberalismo.

---

4. A principal referência para essas análises posteriores é o livro organizado por Gerald Meier e Dudley Seers em 1984, intitulado *Pioneers in Development*.

CAPÍTULO 1
A TEORIA DO GRANDE IMPULSO DE ROSENSTEIN-RODAN

Economista nascido na Polônia. Radicado intelectualmente na Inglaterra, onde, em 1930, se tornou cidadão britânico (1902-1985)
Fonte: <https://bit.ly/2DNz6Ze>. Acesso em: out. 2018.

Rosenstein-Rodan pode ser considerado o pioneiro dos pioneiros dessa geração de intelectuais que se debruçou sobre as particularidades do subdesenvolvimento de algumas nações no contexto da Segunda Guerra Mundial e do seu imediato pós. É justamente seu texto que se constitui como marco temporal da economia do desenvolvimento.

Nesse capítulo, a contribuição de Rosenstein-Rodan é sintetizada a partir de dois textos selecionados, além de comentários do próprio autor sobre sua obra. O primeiro deles, datado de 1943, *Problemas de Industrialização da Europa Oriental e Sul-Oriental*[5], corresponde ao texto inaugural

---
5. A escolha do estudo dos países do Leste e o Sudeste europeus é explicada em Rosenstein-Rodan (1984). Segundo o pioneiro, a escolha não se realizou por conta de qualquer interesse especial nesses países, mas porque, além de

da economia do desenvolvimento. Nele, o autor discute os problemas econômicos enfrentados pelo Leste e Sudeste europeus, os quais denomina de áreas atrasadas ou deprimidas. O outro texto, de 1944, *O Desenvolvimento Internacional das áreas economicamente atrasadas*, é uma versão expandida do primeiro.

Origem da economia do desenvolvimento e os limites da ciência econômica

Em entrevista a Gerard Meier e Dudley Seers na década de 1980, Rosenstein-Rodan explica sua contribuição teórica e participação na formação da economia do desenvolvimento na década de 1940. Naquele momento, intelectuais como Rosenstein-Rodan passam a colocar as especificidades do subdesenvolvimento no centro do debate, requerendo, para isso, uma nova postura e abordagem teórica. Abaixo, reproduzem-se as palavras do próprio autor:

> Durante a Segunda Guerra Mundial, propus em Londres a formação de um grupo de estudos de problemas dos países economicamente subdesenvolvidos ao invés de um trabalho mais comum sobre os problemas econômicos correntes relacionados à guerra. Se nós sobrevivêssemos, não deveríamos querer retornar ao status quo prévio, mas sim formar um mundo melhor.[6]

---

seus governos no exílio estarem, naquele momento, em Londres, os países do Leste e do Sudeste europeus constituíam um grupo de casos similares, embora não perfeitamente idênticos. Essa observação é importante porque "When one takes a group of similar countries, they differ from each other in one or two but not in all respects; it is then easier to examine what is cause and what is effect" (Rosenstein-Rodan, 1984, p. 207).

6. Rosenstein-Rodan, Natura Facit Saltum: Analysis of the Disequilibrium.

O seu artigo de 1943 do *Economic Journal* serviu então como documento básico para o grupo de estudos que se iniciava, e é considerado o marco teórico inicial da economia do desenvolvimento do século XX.[7]

Rosenstein-Rodan, a respeito do tratamento teórico adequado do processo de desenvolvimento, define que:

> Não é uma teoria de equilíbrio estático tradicional, mas uma análise do processo de crescimento desequilibrado que se mostra essencial à compreensão dos problemas do desenvolvimento econômico.[8]

Interessante notar que, apesar desse apontamento do próprio autor, ressaltando o aspecto desequilibrado do processo de crescimento, foi associada a Rosenstein-Rodan a chamada teoria do crescimento equilibrado, assim como a Nurkse e Lewis.[9] A seguir, no decorrer da apresentação da contribuição desse pioneiro dos pioneiros, ficará mais evidente essa aparente contradição.

Por fim, antes de passar à discussão dos elementos teóricos apresentados pelo pioneiro, é válido reproduzir outra autorreflexão do autor feita na década de 1980. Rosenstein-Rodan discorre a respeito do poder explicativo da teoria econômica,

---

In: Meier, Gerald; Seers, Dudley (eds.). *Pioneers in Development*. Washington: Oxford University Press, 1984, p. 207, tradução livre.

7. Arndt (1987, p. 47-48): "At Chatham House, P. N. Rosenstein-Rodan in 1941 became secretary to a Committee on Postwar Reconstruction and in a private study group with Eastern European; economists discussed 'Problems of Industrialization of Eastern and South-Eastern Europe'. An article with this title and a more popular lecture, 'The International Development of Economically Backward Areas', may well be regarded as the beginning of modern development economics".

8. Rosenstein-Rodan, 1984, p. 207, tradução livre.

9. Hirschman Albert Otto. *The Strategy of Economic Development*. New Haven: Yale University Press, 1958.

e em que medida ela pode contribuir para o crescimento e desenvolvimento econômicos das nações. Em suas palavras:

> Depois de cerca de quatro décadas de atenção direcionada ao desenvolvimento, devemos nos perguntar o quanto a Economia pode explicar. A teoria econômica pode determinar as condições necessárias, mas não as suficientes, de crescimento. Os chamados fatores não econômicos respondem pelo hiato entre as condições necessárias e as suficientes. Qualquer avaliação do desenvolvimento pode apenas indicar se as condições necessárias ao crescimento existem ou estão sendo criadas; ela não pode prever com certeza que o crescimento será de fato realizado.[10]

Vale notar que Rosenstein-Rodan, assim como os outros pioneiros a serem aqui tratados, voltou-se preferencialmente à discussão dos fatores econômicos, o que, obviamente, não invalida suas contribuições. No entanto, o importante a reter dessa observação é que, no mesmo espírito da citação do autor, há que se ter sempre em mente que o desenvolvimento, por sua própria natureza, extrapola o escopo da economia. Desse modo, qualquer discussão que se faça sobre a questão sempre será, em alguma medida, incompleta.

Industrialização não espontânea e suas duas vias

Antes de passar à definição da teoria do grande impulso, é necessário entender porque, para Rosenstein-Rodan, a industrialização é importante para romper com a condição de atraso e porque ela não ocorre espontaneamente:

---
10. Rosenstein-Rodan, 1984, p. 219, tradução livre.

O objetivo da industrialização das áreas internacionais deprimidas é produzir equilíbrio estrutural na economia mundial, através da criação de emprego produtivo para a população agrária excedente.[11]

Industrialização quase que invariavelmente significa urbanização. Como as zonas urbanas, comparativamente às rurais, possuem salários mais elevados, a industrialização acaba por se concentrar nelas. Extrapolando essa observação ao nível internacional, as nações ricas seriam as zonas urbanas, e as nações pobres, as rurais. Em outras palavras, a industrialização se concentrou em áreas de renda mais elevada, as nações desenvolvidas. E, caso a industrialização se desenvolvesse, em alguma medida, nas nações subdesenvolvidas, também estaria concentrada em regiões específicas. Vale notar que, apesar da concentração regional também ocorrer em outros contextos, por conta da própria natureza da industrialização, há uma particularidade das nações subdesenvolvidas: a industrialização não resultou de progresso técnico prévio na agricultura.

A essa tendência de concentração da industrialização em regiões de renda mais elevada, Rosenstein-Rodan atribui a razão pela qual se observa o hiato crescente entre nações desenvolvidas e subdesenvolvidas. Hiato que não pode ser contido, nem superado, pelos mecanismos de mercado representados pelos sistemas de preços, o qual, deixado às suas próprias forças, apenas faria perpetuar o funcionamento dos mecanismos cumulativos que resultam na desigualdade distributiva, tanto interna quanto internacional. Sobre essa questão, vale reproduzir as palavras do próprio pioneiro:

---

11. Rosenstein-Rodan, Paul. Problemas de Industrialização da Europa Oriental e Sul-Oriental. In: Agarwala, A. N.; Singh, S. P. (eds.). *A Economia do Subdesenvolvimento*. Rio de Janeiro: Forense, 1969 [1943], p. 260.

O mecanismo de mercado não promove o "ótimo" nem em uma nação, nem entre nações, porque ele se baseia em hipóteses tão irrealistas [...] Isso obscurecesse a natureza do processo de desenvolvimento, bem como os riscos envolvidos.[12]

O movimento de maquinário e capital em direção ao trabalho, ao invés do movimento inverso, do trabalho em direção ao capital, é o que define o processo de industrialização. Em outras palavras, o capital deve se dirigir para regiões onde há trabalho excedente – ou onde há desemprego disfarçado[13] –, ao invés de se promover a imigração dessa mão de obra excedente para regiões mais capitalizadas. Sugere inclusive Rosenstein-Rodan que esse desemprego disfarçado "embora seja uma fraqueza, pode representar uma fonte de desenvolvimento e vigor".[14]

Para Rosenstein-Rodan, a industrialização, em conjunto com as melhorias na produção agrícola constitui o aspecto mais importante a ser enfrentado para se alcançar o desenvolvimento econômico dessas regiões atrasadas. E, por meio desse desenvolvimento, seria possível, por extensão, reduzir o hiato de desigualdade entre as nações. Rosenstein-Rodan argumenta que a industrialização deve ser promovida porque as economias externas, ou os retornos crescentes, são muito maiores na indústria do que na agricultura.

Com vistas a esse objetivo de desenvolvimento, Rosenstein-Rodan elenca duas vias possíveis de industrialização das regiões atrasadas, apresentadas a seguir.

Pela primeira via, o chamado "modelo russo", as nações se industrializariam por sua própria conta – ou

---

12. Rosenstein-Rodan, 1984, p. 209, tradução livre.
13. Definido nos casos em que a produtividade do trabalhador é praticamente nula ou até negativa.
14. Rosenstein-Rodan, 1984, p. 208, tradução livre.

seja, sem recorrer ao capital internacional – objetivando a autossuficiência produtiva. Essa escolha implicaria a construção de todos os tipos de indústria, tendo como resultado um sistema econômico estruturado numa base industrial verticalmente integrada.

Rosenstein-Rodan então aponta desvantagens do "modelo russo". A primeira delas diz respeito ao crescimento lento, pois, sem capital externo, há que se criar capital internamente e, para tal, impactar o padrão de vida e de consumo da população. A segunda desvantagem se refere à criação de uma unidade independente na economia mundial, diminuindo as vantagens que poderiam decorrer da divisão internacional do trabalho, pois, quando essa opera adequadamente, resulta numa maior produção global. Por fim, poder-se-ia incorrer em geração de capacidade ociosa mundial, especialmente de indústrias pesadas, implicando o que seria um desnecessário desperdício de recursos.

Já a segunda via de industrialização, qual seja, de promovê-la por meio da inserção dessas regiões mais atrasadas na economia mundial, preservaria as supostas vantagens da divisão internacional do trabalho e estaria baseada em um grande aporte de capital externo.

A primeira vantagem dessa segunda alternativa seria permitir um progresso mais rápido, sem precisar sacrificar os níveis de consumo interno para captar poupança – uma vez que se permite recorrer ao capital externo. A segunda vantagem implica que, ao respeitar a divisão internacional do trabalho, essas regiões pautariam sua industrialização somente em indústrias leves, com técnicas intensivas em trabalho – ou seja, com maior capacidade de absorção de mão de obra. Por fim, mesmo que se observasse uma expansão geral na economia mundial, as indústrias pesadas já existentes nas nações desenvolvidas seriam suficientes para satisfazer a demanda das regiões atrasadas, não sendo, portanto, necessário desenvolvê-las em tais regiões.

Pela própria construção de sua argumentação, obviamente que Rosenstein-Rodan advoga a favor da segunda via de industrialização. Sobre esse ponto, importante observar que Rosenstein-Rodan acredita, em alguma medida, na funcionalidade alocativa da divisão internacional do trabalho. A sua sugestão de industrialização, por conseguinte, refere-se preponderantemente ao desenvolvimento de indústrias mais simples, além da necessidade da formação de uma boa infraestrutura. Assim, pode-se inferir do autor que a formação dos referidos setores já teria força suficiente para implicar uma trajetória dinâmica que resultaria no desenvolvimento econômico.

Por outro lado, deixada às forças de mercado, a industrialização das regiões atrasadas não pode emergir e se sustentar espontaneamente, por conta dos mecanismos cumulativos ressaltados anteriormente, entre nível de renda e industrialização.

Como romper com esse círculo inicial, que leva à concentração da indústria em áreas de renda previamente elevada?

Investimento em bloco e a teoria do grande impulso

Rosenstein-Rodan ressalta que, para a industrialização das áreas menos desenvolvidas ser bem-sucedida, faz-se necessária a criação de um novo ambiente institucional, objetivando uma industrialização planejada em larga escala. Com vistas a esse planejamento, suas sugestões baseiam-se no conceito de economias externas, responsáveis por retornos crescentes de escala, das quais destaca duas formas.

O primeiro ponto se refere à importância do treinamento planejado de mão de obra, pois "O automatismo do laissez-

-faire nunca funcionou adequadamente nesse campo".[15] Ao treinamento planejado de mão de obra se relacionam as economias externas tecnológicas. Um conjunto de firmas, por meio de um consórcio, por exemplo, ao investir na formação de trabalho especializado, impulsionaria uma decisão que, individualmente, não seria viável. Dessa atuação conjunta derivam-se as economias externas, nesse caso, tecnológicas. Note-se que, se uma empresa investisse sozinha em tal treinamento, correria o risco de que essa mão de obra não se vinculasse a ela, passando para outra empresa, ocorrendo o chamado "efeito carona".[16] Tendo em vista tal risco, optaria pelo não investimento no treinamento de mão de obra. De outro modo, se o investimento nesse treinamento fosse realizado coletivamente ou por meio do Estado, tornar-se-ia atrativo.

O segundo ponto destacado por Rosenstein-Rodan diz respeito ao investimento em bloco, de modo a garantir a complementação das diferentes indústrias, pois "a criação planejada de um sistema de indústrias complementares [...] reduziria o risco de insuficiência de procura"[17]. Ao investimento em bloco se relacionam as economias externas pecuniárias, as quais implicam que a realização de um conjunto de investimentos complementares horizontalmente resulta numa taxa de retorno maior para cada um dos investimentos tomados isoladamente, por conta dos seus efeitos sobre a geração de demanda.

Como os projetos de investimento, por conta da incerteza, envolvem uma série de riscos relativos ao devir – o que, no caso das nações subdesenvolvidas, é ainda mais evidente –, a estratégia de investimento em bloco mostrar-

---
15. Rosenstein-Rodan, 1943, p. 254-255.
16. Nesse caso, significaria que a empresa que não investiu no treinamento de mão de obra poderia ter acesso à essa mão de obra especializada.
17. Rosenstein-Rodan, 1943, p. 256.

-se-ia interessante e adequada ao contexto do subdesenvolvimento, pois os efeitos da operação das economias externas pecuniárias sobre o nível de demanda efetiva e, portanto, sobre as expectativas, formariam um ambiente mais amigável à realização e continuidade de investimentos. Como resultantes, poderiam ser observadas também economias externas verticais, tanto entre firmas do mesmo ramo, como entre firmas de ramos distintos, permitindo um efeito de retroalimentação de formação de base industrial, tanto horizontalmente quanto verticalmente.

Da geração de economias externas tecnológicas e pecuniárias, e de sua significância dinâmica com vistas ao desenvolvimento, Rosenstein-Rodan deriva a importância da coordenação dos projetos de investimento. Essa coordenação ou planejamento, para o autor, deveria ser algo realizado necessariamente pelo Estado. Dessa forma, por meio do planejamento estatal da industrialização em larga escala, poder-se-ia garantir o balanceamento do processo de mudança, entre os diversos setores, levando à transformação em bloco.

Por conta dessa sugestão de balanceamento de investimento entre os setores, de modo a aproveitar os efeitos de complementariedade desses investimentos – o que potencializaria o alcance e os efeitos dinâmicos das economias externas por eles geradas –, é que se inclui a abordagem do autor na chamada teoria do crescimento equilibrado, a ser criticada por Hirschman.

É, no entanto, interessante notar, e tendo como base um comentário do próprio Rosenstein-Rodan, que um planejamento perfeito, resultando numa trajetória equilibrada, é impossível, porque não há como garantir o resultado final:
    Em termos da teoria contemporânea, a essência do

artigo de 1943 pode ser vista como repousando sobre o questionamento básico de se existirão mercados futuros para todas as mercadorias no contexto de um futuro incerto e cujo final está em aberto.[18]

O planejamento seria, então, apenas uma forma de tentar direcionar o programa de desenvolvimento industrial, incrementando as suas chances de sucesso, apesar de não poder garanti-la.

Ainda sobre a consecução dos projetos de industrialização, Rosenstein-Rodan sugere que, em seu início, o investimento deveria se concentrar na formação de indústrias básicas e nos serviços públicos, na medida em que ambos possuem alto potencial de fazer surgir novos canais de investimento, sendo, portanto, setores com alta capacidade de geração de retroalimentações positivas para a economia ou região de que se trata; e, mais do que isso, a sua não observação poderia ser impeditiva do desenvolvimento de outros setores. A não verificação de uma infraestrutura básica, crucial para o investimento em outros setores produtivos, é um dos principais obstáculos ao desenvolvimento.

Derivada da estratégia de política de industrialização por meio da viabilização de um grande bloco de investimentos, foi formada a teoria do grande impulso, segundo a qual, para que o projeto de desenvolvimento possa ter chance de sucesso, há um nível mínimo de recursos que lhe devem ser deslocados. Por isso a comparação metafórica com a decolagem de um avião, pois, nesse caso, há uma velocidade mínima crítica que lhe permite alçar voo. Nesse sentido, se o que se almeja é o desenvolvimento, o qual, no caso dos países subdesenvolvidos, requer grandes e pro-

---

18. Rosenstein-Rodan, 1984, p. 210, tradução livre.

fundas transformações – ou as mudanças revolucionárias de Schumpeter[19] –, não caberia a ideia de investimento gradativo, que, no máximo, possibilitaria um voo de galinha.

Concorrem para possibilitar o grande impulso, portanto, as economias externas e efeitos de complementariedade explicados por Rosenstein-Rodan. Assim, quanto mais abrangente setorialmente for o investimento em bloco a ser promovido, maior a chance de que o voo com destino ao desenvolvimento se realize.

Todavia, "Uma quantidade mínima de investimento é uma condição necessária – embora não suficiente – de sucesso"[20]. Mas embora não seja suficiente, ressalte-se novamente que as chances de conseguir efetivar o grande impulso são tanto maiores quanto mais são geradas e aproveitadas as economias externas – pecuniárias e tecnológicas –, que funcionam como multiplicadores, à la Keynes, dos investimentos realizados. E a possibilidade de geração de economias externas será tanto maior quanto mais encadeamentos pela cadeia produtiva os investimentos realizados tiverem o potencial de estimular.

Desigualdade entre nações

Como no sistema econômico internacional, em que se observa a perpetuação da desigualdade distributiva entre as nações avançadas e subdesenvolvidas, não há uma contrapartida equivalente ao Estado Nacional que possa exercer uma função redistributiva entre as nações, Rosenstein-Rodan indica a necessidade de uma ação internacional conjunta favorecer as áreas mais deprimidas.

---

19. Schumpeter, Joseph. *A Teoria do Desenvolvimento Econômico*. Os Economistas, São Paulo: Abril Cultural, 1985 [1912].
20. Rosenstein-Rodan, 1984, p. 210-211, tradução livre.

Dessa maneira, idealmente, o capital internacional deveria estar disponível aos países mais pobres de modo a auxiliá-los a alcançar um nível mínimo de renda, a partir do qual pudessem continuar a crescer autonomamente. Entretanto, o autor ressalta que o principal objetivo da ajuda internacional seria, não a promoção de igualdade de renda, mas da igualdade de oportunidades: "Essa igualdade de oportunidade entre nações é tão importante quanto aquela entre diferentes classes dentro de uma nação; mas não é fácil de estabelecer".[21]

A explicação de Rosenstein-Rodan sobre porque essa igualdade não é fácil de estabelecer se baseia na atuação de mecanismos cumulativos, resumida sinteticamente por: quanto mais rica for determinada nação, maior a sua capacidade de gerar mais riqueza; e quanto mais pobre for a nação, mais difícil é deixar de sê-lo. Recorrendo a ditados populares, afirma:

> Os ditos "as primeiras mil libras são as mais difíceis de juntar", e "somente os ricos podem ganhar dinheiro", são ainda mais verdadeiros no contexto das nações do que no contexto dos indivíduos.[22]

De modo que, sem o direcionamento de ações específicas para enfrentar a condição de atraso, o subdesenvolvimento não será superado naturalmente pela livre atuação das forças de mercado; pelo contrário, por conta dos referidos mecanismos cumulativos, o hiato entre as nações ricas e pobres permanecerá e, possivelmente, tornar-se-á ainda maior.

---

21. Rosenstein-Rodan, 1944, p. 159, tradução livre.
22. Ibidem.

Conclusão: para promover o Big Push

Para superar o subdesenvolvimento, Rosenstein-Rodan não nega a importância de promover melhorias na agricultura, base produtiva inicial principal das economias subdesenvolvidas; porém, principalmente, destaca a necessidade de promover a industrialização. Além disso, considera desejável a recorrência ao capital externo, o qual possibilitaria menores sacrifícios internos e um progresso mais rápido.

A grande dificuldade inicial de promover a industrialização em áreas atrasadas reside na causação circular cumulativa entre renda e industrialização. Ou seja, a industrialização tende a se desenvolver onde já se encontra uma maior disponibilidade de renda, do que o autor deduz a tendência natural à concentração industrial, tanto dentro de uma nação como entre nações.

Para reverter essa tendência, indica a necessidade de planejamento de uma industrialização em larga escala, fazendo-se necessária a atuação do Estado, por meio da criação de um novo ambiente institucional que a estimule e da viabilização de investimentos considerados cruciais para impulsionar a industrialização.

Os pontos cruciais do planejamento sob a ótica de Rosenstein-Rodan, por sua vez, dizem respeito ao treinamento planejado de mão de obra e à promoção do investimento em bloco, que implicariam um melhor aproveitamento das economias externas pecuniárias e tecnológicas, intensificando os efeitos de encadeamentos positivos transformadores pela cadeia produtiva, permitindo a formação de um grande impulso, necessário para dar início e sustentar o processo de desenvolvimento. Caso contrário, na ausência de um grande impulso, seria observado um voo de galinha – portanto, insuficiente para romper com o subdesenvolvimento.

CAPÍTULO 2

SINGER E A DISTRIBUIÇÃO DESIGUAL DE GANHOS ENTRE AS NAÇÕES

Economista alemão, radicado intelectualmente na Inglaterra (1910-2006)
Fonte: <https://bit.ly/2IwIuPF>. Acesso em: out. 2018.

Nesse capítulo, a apresentação da contribuição do economista Hans Singer baseia-se especialmente em dois de seus artigos.[23] No primeiro deles, datado de 1949-1950,[24] o autor apresenta sua definição de tendência à deterioração dos termos de troca das nações primário-exportadoras – compondo a chamada tese Singer-Prebisch – e discute a distribuição desigual dos ganhos entre as nações empresta-

---

23. Além dos dois artigos referidos, recorre-se a outras duas fontes. Em Singer (1985), texto em que o autor discute a relevância de Keynes para as economias em desenvolvimento, o autor faz referência a causações circulares cumulativas que frustrariam a capacidade dos países em desenvolvimento incrementarem seu investimento. Os argumentos sobre essa questão estão dispostos em momento oportuno da presente seção. Por fim, assim como no caso de Rosenstein-Rodan, recorre-se a comentários do próprio autor à sua obra, presentes em Singer (1984).
24. O artigo foi apresentado no encontro anual da *American Economic Association*, em 1949, e publicado pela *American Economic Review* em 1950. Será aqui referido como Singer (1950).

doras (desenvolvidas) e as nações devedoras (subdesenvolvidas). Já no artigo de 1952, se propõe discutir as relações entre planejamento e desenvolvimento econômico, bem como os seus problemas relativos no contexto dos países subdesenvolvidos.

Formação intelectual: de Schumpeter a Keynes

Sobre a composição de sua formação intelectual, o próprio Hans Singer destaca a influência de Keynes e Schumpeter, justamente dois autores cujas teorias são ponto de partida para a crítica que os pioneiros realizam aos princípios gerais do *laissez-faire*, considerados inadequados para gerar desenvolvimento em áreas subdesenvolvidas.

E não se tratou, tão somente, de influência distanciada por meio de livros e textos acadêmicos. Hans Singer foi aluno de ambos: em Cambridge, foi aluno de Keynes no período 1934-1936, ou seja, durante os anos em que se estrutura a *teoria geral do emprego, do juro e da moeda*; e, antes disso, fora aluno de Joseph Schumpeter em Bonn, antes de seguir para Harvard.[25]

Sobre Keynes, Singer destaca que a *teoria geral* ressaltou a tendência a se estabelecer, nos sistemas econômicos, um equilíbrio sem pleno emprego de fatores, e que, caso fosse deixado ao sabor exclusivo das forças do mercado, esse círculo vicioso nunca seria rompido. Por isso, a necessidade de intervenção de algum agente – no caso, o Estado –, de modo a redirecionar as forças ao estabelecimento de um equilíbrio com um maior nível de emprego de fatores. Essa

---

25. Singer, Hans Wolfgang. The Terms of Trade Controversy and the Evolution of Soft Financing: Early Years in the U. N. In: Meier, Gerald; Seers, Dudley (eds.). *Pioneers in Development*. Washington: Oxford University Press, 1984, p. 277, tradução livre.

ênfase diferenciada da *teoria geral* sobre a necessidade de políticas intervencionistas, para o autor, seria um dos indicativos da relevância da teoria Keynes para lidar com as nações em desenvolvimento. Além disso, no sistema keynesiano, o objetivo da análise reside em como mudar uma condição inicial insatisfatória, e não a como simplesmente entender o sistema, como no caso do sistema clássico.[26] Tal como definira Schumpeter, o desenvolvimento se relaciona a mudanças revolucionárias, e não a como manter o estado inicial em funcionamento.[27]

Singer enfatiza que o problema das economias em desenvolvimento é estrutural, relacionado a gargalos na estrutura produtiva, observação que o aproxima de outros pioneiros, como Kalecki, Prebisch e Furtado. Dessa observação segue que o objetivo das políticas nos países em desenvolvimento deve ser, portanto, pré-keynesiano, na medida em que, para haver chances de sucesso, passos prévios à aplicação de políticas keynesianas, relacionadas ao estímulo da demanda agregada, se fazem necessários.[28]

Tais passos prévios se referem à criação de uma economia com maior capacidade de resposta. Assim, o autor ressalta que:

> O que os países em desenvolvimento precisam, em primeiro lugar, não é apenas de investimento, mas de pré-investimento, no sentido de assistência e

---

26. Para mais detalhes: Singer, Hans Wolfgang. The Relevance of Keynes for Developing Countries. In: Wattel, H. (ed.). *The Policy Consequences of JMK*. London: MacMillan, 1985.
27. Schumpeter, 1912.
28. Nesse ponto, argumentação de Singer (1985) é muito semelhante à de Kalecki, assunto do Capítulo 7. No entanto, o autor não faz nenhuma referência à teoria kaleckiana.

treinamento técnicos, pesquisa e desenvolvimento, feitura de projetos e projetos-piloto.[29]

Distribuição desigual de ganhos entre as nações

Enquanto os economistas do *mainstream* concentravam seus esforços no problema da eficiência alocativa, questão em cuja discussão se mantinha predominante a clássica teoria das vantagens comparativas, Singer destaca que o seu interesse, desde sempre, havia se direcionado a discussões relativas à justiça ou à eficiência distributiva. Nas palavras do próprio pioneiro:

> A hipótese de intercâmbio igualitário, em mercados imparciais "justos", parecia estar em conflito com a existência de poder de mercado e tecnológico desiguais. Os dados eram jogados contra um dos parceiros comerciais.[30]

Com essa observação em mente de que, se por um lado, alguém estava ganhando no jogo do comércio internacional, por outro lado, alguém estava perdendo, passemos à discussão presente no artigo seminal de 1950.

A ideia central do autor refere-se ao fato de que as diferenças estruturais entre as nações desenvolvidas e subdesenvolvidas poderiam levar ao declínio relativo dos preços dos bens primários relativamente aos bens manufaturados, a mesma conclusão a que chegara Prebisch em 1949, expressa no *Manifesto Latino-Americano*. Como resultado, os benefícios do comércio e do investimento seriam

---

29. Singer, 1985, p. 134, tradução livre.
30. Ibidem, p. 277.

crescentemente distribuídos de maneira desigual entre os dois grupos de países, mais ou menos independentemente do estado de atividade nos países industriais, ou das idas e vindas dos ciclos comerciais, de curto prazo ou de Kondratieff.[31]

Singer ressalta que o comércio internacional é de grande importância para as nações subdesenvolvidas, pois os resultados que derivam desse comércio, bem como quaisquer variações nele, afetam suas rendas nacionais de maneira significativa. Assim, no caso de economias periféricas e dependentes, o setor externo sempre desempenha papel crucial na determinação de suas dinâmicas econômicas internas, e será tanto maior quanto menor for a diversificação produtiva e exportadora: qualquer mudança no comércio internacional de um produto específico pode impactar bruscamente as nações subdesenvolvidas.

Para Singer, ademais, a especialização das nações subdesenvolvidas na exportação de produtos primários, em grande medida, foi resultado do investimento das nações mais avançadas. Esses investimentos, por sua vez, não teriam resultado em efeitos desencadeadores e retroalimentadores positivos ao desenvolvimento dessas nações, por ao menos três motivos, explicados a seguir.

O primeiro motivo diz respeito à origem que o investimento possuía. Como era externo, muitos dos efeitos secundários e cumulativos – lucros e outros serviços fatores, por exemplo – decorrentes desse investimento se direcionaram aos seus países de origem, realizando o potencial de efeitos multiplicadores da renda e do emprego externamente.

Segundo motivo, esses investimentos tendiam a se concentrar em atividades de baixa complexidade, direcio-

---

31. Singer, 1984, p. 281, tradução livre.

nando-se primordialmente, senão somente, às atividades primário-exportadoras. Assim, teriam desviado as nações subdesenvolvidas de atividades com maior possibilidade de incorporação de progresso técnico, retirando da trajetória econômica dessas nações a formação de um fator central de radiação dinâmica, necessário para que se desenvolvessem autonomamente.

O terceiro motivo, ainda mais crucial e importante que os dois primeiros, relaciona-se aos termos de troca. Da mesma forma que Prebisch, Singer parte da observação de que, historicamente, a tendência de movimentação dos preços relativos teria sido desfavorável aos exportadores de bens primários e favorável aos exportadores de bens manufaturados; por conta do valor agregado – ou, da complexidade – associado a cada um desses grupos de bens, os seus preços e sua demanda terão trajetórias diferentes, tendendo a favorecer os bens com mais alto valor agregado e, consequentemente, as nações responsáveis por sua exportação.

Singer, desse modo, evidencia que o investimento estrangeiro que se direcionou ao fomento da produção primário-exportadora nos países subdesenvolvidos só trouxe benefícios às nações investidoras. Explica o autor que, ao investir na produção de primários, as nações avançadas não apenas detiveram os efeitos benéficos cumulativos mais diretos do seu investimento, mas também a sua população, enquanto consumidores, usufruiu dos frutos do progresso técnico na produção de primários – ou seja, preços menores – e, ao mesmo tempo, enquanto produtores, puderam se beneficiar dos frutos desse mesmo progresso técnico na produção de manufaturados. Por isso Singer afirma:

Os países industrializados possuem o melhor dos dois mundos, como consumidores de bens primários e como produtores de artigos manufaturados, enquanto que os países subdesenvolvidos permanecem com o pior dos dois mundos.[32]

Desenvolvimento no contexto do subdesenvolvimento

Sobre o desenvolvimento das nações subdesenvolvidas, Singer afirma que, necessariamente, traz consigo uma modificação estrutural, e esta tem que transcorrer de forma a diminuir a importância relativa da agricultura. Em outras palavras, a elevação dos níveis de renda deve ser acompanhada obrigatoriamente por uma correspondente alteração estrutural na matriz produtiva. Para tal, segundo o autor, não importa se o ponto de partida é a industrialização ou o próprio desenvolvimento agrícola, desde que o resultado final seja uma diminuição relativa da importância do setor agrícola como determinante da renda nacional.

Além disso, Singer destaca que a mais importante contribuição de uma indústria não é o seu produto imediato, tampouco seus efeitos sobre outras indústrias, mas sim seu efeito sobre o nível geral de educação, conhecimento, padrão de vida e capacidade inventiva da sociedade. Por conta dessa diversidade de efeitos é que a indústria seria desejável:

> Essa é talvez justamente a razão porque as indústrias manufatureiras são tão desejadas pelos países subdesenvolvidos; isto é, elas fornecem os pontos de crescimento para incrementar o conhecimento

---

32. Singer, Hans Wolfgang. The Distribution of Gains between Investing and Borrowing Countries. *The American Economic Review*, v. 40, n. 2, p. 473-485, 1950, tradução livre.

técnico, a educação urbana, o dinamismo e a resiliência que procede da civilização urbana.³³

Ainda no sentido de efeitos cumulativos perniciosos aos países subdesenvolvidos e benéficos aos países avançados, Singer explica o papel ambíguo dos termos de troca no contexto do subdesenvolvimento, definindo o que seria uma dupla armadilha.

Se os preços internacionais dos produtos primários estiverem atrativos e o mercado aquecido, teoricamente haveria espaço para acumular recursos e direcioná-los ao seu desenvolvimento industrial via, por exemplo, importação de bens de capital. No entanto, justamente por conta do aquecimento do mercado de primários, os recursos excedentes tendem a ser reinvestidos nesse mesmo setor, para que possam aumentar sua produção e aproveitar a demanda aquecida. Por outro lado, quando os preços dos primários deixam de ser atrativos e o mercado desaquece, o desejo de se industrializar aparece, porém, nessa situação, não há recursos disponíveis para realizar tal objetivo. Diz o autor:

> Aqui novamente parece que os países subdesenvolvidos correm o risco de cair entre duas armadilhas: falhar em se industrializar em um boom porque as coisas andam bem, e falhar em se industrializar em um período de baixa porque as coisas andam mal.³⁴

Singer então conclui que, para quebrar esses efeitos perniciosos às nações subdesenvolvidas e mantenedores da desigualdade entre as nações, os propósitos dos investimentos externos e do comércio internacional deveriam ser

---

33. Ibidem, p. 476, tradução livre.
34. Ibidem, p. 482.

redirecionados para produzirem mudanças graduais na estrutura das vantagens comparativas e da dotação comparativa das diferentes nações, ao invés de reforçarem as vantagens e as dotações comparativas vigentes. Dito de outro modo, os investimentos externos deveriam contribuir para transformar a estrutura produtiva dessas nações subdesenvolvidas. Para que o fluxo de investimento internacional nas nações subdesenvolvidas possa de fato contribuir para o desenvolvimento destas, os seus efeitos positivos devem, por conseguinte, ser absorvidos internamente. Caso contrário, não terão seu potencial de transformação – ou de desenvolvimento – realizado.

Ainda sobre o investimento nos países em desenvolvimento, Singer elenca as razões pelas quais seu volume estaria limitado. Sobre esse ponto, novamente a argumentação do autor se aproxima da de Kalecki e, especialmente, dos cepalino-estruturalistas Prebisch e Furtado. Segundo o autor, a capacidade tecnológica própria para produzir bens de capital não está posta e as dificuldades no balanço de pagamentos podem impedir que se importem esses bens; os chamados insumos complementares, tais como bens intermediários, habilidades específicas e determinadas instituições de mercado, podem não estar disponíveis; a pressão sobre os preços dos bens de salário – em especial, alimentos – pode impedir a expansão do investimento e, ao mesmo tempo, a expansão da produção agrícola pode ser limitada parcialmente pela ausência de insumos, ou em parte por conta de instituições, referentes principalmente à posse de terras; o financiamento do investimento requerido por poupança adicional ou por tributação pode ser dificultoso, pois: uma grande parte do setor corporativo (de onde provém o maior volume de recursos), é de propriedade estrangeira, o que significa que os recursos são remetidos ao exterior; e a falta de confiança nas instituições domésticas faz com que os investidores potenciais também transfiram seus recursos para o exterior; e a falta de dados e de capacidade administrativa pode inviabilizar um sistema efetivo de arrecadação de impostos. Todas essas razões constituem "condições de causação cumulativa e circular que frustram a tentativa de incrementar o investimento"[35], impedindo, por conseguinte, a consecução de um grande impulso à la Rosenstein-Rodan.

Nessa mesma linha de argumentação, Singer destaca que, por serem as rendas muito baixas nas nações subdesenvolvidas, impunham-se limites bastante estritos ao volume de poupança potencial. Assim, ressaltando outro círculo vicioso, afirma o autor que:

> A principal esperança de aumento de poupança repousa na possibilidade de poupar uma alta proporção dos incrementos de renda resultantes do próprio processo de desenvolvimento econômico.[36]

Nesse sentido, seria estrategicamente importante que, nos programas de desenvolvimento, fosse concedida uma alta prioridade àqueles tipos de projetos de investimento com maior potencial de retenção e multiplicação interna de recursos, o que continuaria a viabilizar novos investimentos por meio do aproveitamento dos chamados efeitos de complementariedade do investimento.

---

35. Singer, 1985, p. 133-134, tradução livre.
36. Singer, Hans Wolfgang. O mecanismo do desenvolvimento econômico. In: Agarwala, A. N.; Singh, S. P. (eds.). *A Economia do Subdesenvolvimento*. Rio de Janeiro: Forense, 1969 [1952], p. 400.

Conclusão: para romper com a desigualdade da distribuição de ganhos entre as nações

Para superar o subdesenvolvimento, Singer destaca a necessidade do planejamento dos investimentos a serem realizados, direcionando os esforços a setores específicos, com destaque para a indústria.

Singer implica ao comércio internacional a fonte de desvantagens dos países subdesenvolvidos, do que deriva a necessidade premente de industrialização. Só assim para tentar combater a tendência dos países subdesenvolvidos a acumularem desvantagens, relativas à deterioração dos termos de troca de seus produtos primários de exportação no longo prazo.

Singer destaca, ademais, os interesses externos, na forma de seus investimentos diretos, que acabaram por se direcionar, nos países subdesenvolvidos, à produção de bens primários para exportação. Por isso a necessidade de um planejamento tanto interno quanto internacional, na medida em que o direcionamento dos investimentos externos a setores que potencializem o desenvolvimento das nações atrasadas também dependeria de certa cooperação por parte das próprias nações desenvolvidas – as quais não necessariamente estariam imbuídas de tal espírito altruísta.

CAPÍTULO 3

O CÍRCULO VICIOSO DA POBREZA DE NURKSE

Economista nascido na Estônia, intelectualmente estabelecido nos Estados Unidos (1907-1959)
Fonte: <https://bit.ly/2O2H71v>. Acesso em: out. 2018.

Nesse capítulo, os elementos teóricos destacados da obra do economista Ragnar Nurkse foram selecionados a partir de duas fontes. No artigo de 1952 e no seu livro de 1953, o pioneiro procura discutir os problemas de formação de capital nas nações subdesenvolvidas, bem como os entraves que esses problemas impõem ao seu desenvolvimento.

As duas terças partes mais pobres do mundo

No prefácio de seu livro publicado em 1953, Nurkse evidencia qual é o seu foco investigativo: "as duas terças partes mais pobres do mundo". Assim, o seu objetivo é, por meio do uso da teoria econômica, "elucidar algumas das condições básicas de progresso" de tais regiões subdesenvolvidas.

E conclui, consciente de que se tratava de uma abordagem teórica em construção: "Se isso estimular a discussão e contribuir para facilitar a percepção dos problemas perturbadores que ela envolve, terá o livro alcançado seu objetivo".[37]

Nurkse define as nações subdesenvolvidas, comparativamente às nações avançadas, a partir justamente das suas dotações de capital; porém, embora o autor considere a dotação de capital uma condição necessária, ela não seria suficiente para a definição do progresso, pois

> o desenvolvimento econômico é muito condicionado a peculiaridades humanas, atitudes sociais e políticas e acidentes históricos. Para o progresso, o capital é uma condição necessária, mas não exclusivamente suficiente.[38]

Assim como a maioria dos demais pioneiros, Nurkse concentra a sua análise do desenvolvimento e do subdesenvolvimento em fatores econômicos, mais precisamente na formação de capital. Entretanto, o pioneiro deixa claro – conforme citado acima – que garantir a acumulação de capital não é condição suficiente para o desenvolvimento. A busca pela suficiência condicional implicaria o cumprimento de determinadas ações e a implementação de determinadas políticas. Algumas delas são abordadas pelo autor, conforme exposto em seguida.

O círculo vicioso da pobreza

Para Nurkse, o círculo vicioso da pobreza significa simploriamente que "um país é pobre porque é pobre".[39]

---
37. Nurkse, Ragnar. *Problemas da Formação de Capital em Países Subdesenvolvidos*. Rio de Janeiro: Civilização Brasileira, 1957 [1953], p. 1.
38. Ibidem, p. 3.
39. Ibidem, p. 8.

Trata-se, por isso, de um círculo vicioso, em que causa e consequência não apenas se confundem, mas se retroalimentam. Segundo o autor, as mais importantes relações circulares que compõem esse círculo vicioso são justamente aquelas que dificultam a formação de capital nos países atrasados, relacionadas tanto ao lado da oferta, quanto ao lado da demanda de capital. E o ponto comum das relações circulares relativas à demanda e à oferta de capital é a condição inicial dessas nações atrasadas, qual seja, o baixo nível da renda real, refletida em baixa produtividade.

Do lado da oferta de capital, como definido anteriormente, as nações atrasadas assim se definem pela baixa disponibilidade de capital. Do lado da demanda por capital – ou da propensão a investir –, Nurkse ressalta que a dimensão do mercado é determinada pelo nível geral de produtividade, o qual depende, em grande medida, da utilização de capital. No entanto, a utilização de capital pode ser inibida justamente pela pequena dimensão do mercado, condição presente em países atrasados. Mas, sem aplicação de capital, não há como se desenvolver e, por conseguinte, de acumular mais capital. Assim, se se parte de uma situação inicial de mercado de pequena dimensão, como quebrar esse círculo vicioso de pobreza?

Recorrendo à teoria de crescimento equilibrado – vinculada a Rosenstein-Rodan – Nurkse explica que uma maneira de quebrar esse círculo vicioso é por meio da aplicação de capital planejada em diferentes indústrias, o que permitiria uma ampliação geral do mercado e um melhor aproveitamento, em prol do desenvolvimento, da renda e capital a serem gerados e acumulados.[40]

---

40. Vale destacar as críticas que Furtado (1954b) faz diretamente a Nurkse. Para Furtado, o problema de tamanho de mercado insuficiente não seria interno às nações subdesenvolvidas, mesmo porque não se poderia pressupor

Nurkse explica que o tamanho do mercado e o nível de produtividade no longo prazo são os determinantes mais importantes do volume de comércio internacional. Desse modo, a estratégia de crescimento equilibrado, sendo meio de ampliar o mercado e estímulo à inversão de capital, incrementando a produtividade, seria fundamental para expandir o comércio externo das áreas economicamente mais atrasadas.

Importante notar ademais que, para Nurkse, a estratégia de crescimento equilibrado deve ser pensada em termos globais, ou seja, não adiantaria uma nação se especializar somente nas produções em que historicamente apresentasse maiores vantagens comparativas, mesmo porque essa opção as prenderia na produção apenas de bens primários, cujo mercado está sujeito a diversas flutuações, conforme destaca a tese Singer-Prebisch. Por isso, o foco deve se voltar ao mercado interno: "Impulsionar as exportações frente a uma demanda inelástica ou mais ou menos estacionária não seria caminho promissor para o desenvolvimento".[41]

Essa argumentação, por sua vez, não constituiria, para Nurkse, defesa da autarquia, pois, simultaneamente ao aumento de produtividade permitido pelo incremento do mercado e da aplicação de capital por ele estimulado, observar-se-

---

a existência de um mercado interno significativo, já que são subdesenvolvidas. Portanto, a questão fundamental residiria na inexistência de um mercado externo em expansão. A segunda observação de Furtado diz respeito aos investimentos em bloco. Para Furtado, essa determinação não faria sentido. Nas palavras do autor, "Para uma economia subdesenvolvida começar um processo de desenvolvimento com seus próprios recursos e pela ação espontânea de seus próprios empresários é, para usar uma frase corrente, como levantar-se pelos próprios cabelos" (Furtado, Celso. Formação de Capital e Desenvolvimento Econômico. In: Agarwala, A.; Singh, S. P. (eds.). *A Economia do Subdesenvolvimento*. Rio de Janeiro: Forense, 1969 [1954] 1954b, p. 320).
41. Nurkse, Ragnar. Alguns Aspectos Internacionais do Desenvolvimento Econômico. In: Agarwala, A. N.; Singh, S. P. (eds.). *A Economia do Subdesenvolvimento*. Rio de Janeiro: Forense, 1969 [1952], p. 269.

-ia uma transformação da pauta de exportação e importação incrementando, ao invés de reduzir o comércio externo.

Há que se considerar nessa mesma direção que, como resultado da expansão da industrialização na economia global, aquela situação verificada no século XIX – as nações ricas exportando manufaturados para as nações pobres, das quais importavam bens primários – se modificara ao longo do século XX, já que as próprias nações avançadas passaram a comerciar entre si, restringindo ainda mais o papel econômico internacional das nações subdesenvolvidas. Nesse sentido, o autor indica quais seriam as etapas a serem cumpridas, a começar pelo desenvolvimento do mercado interno e

> à medida que o desenvolvimento aumenta, o nível de produtividade – e, portanto, o poder de compra real – tenderá, no final, mais a auxiliar do que a prejudicar o crescimento do comércio internacional.[42]

Por fim, retomando o problema da escassez de capital interno, Nurkse explica que o cumprimento das etapas e do planejamento subjacente à teoria do crescimento equilibrado, apesar de abrir espaço ao investimento internacional, não seria capaz de fazer necessariamente o mesmo no caso do capital privado estrangeiro. A explicação do autor para esse fato reside em outro mecanismo cumulativo, relacionado à própria natureza da acumulação:

> É como se o capital privado estrangeiro seguisse a regra "do que será dado aos que já têm" [...] É simplesmente outro reflexo da constelação circular geral das forças que afetam a acumulação do capital para o desenvolvimento econômico.[43]

---
42. Nurkse, 1953, p. 26-27.
43. Ibidem, p. 33-34.

Desemprego disfarçado e poupança oculta de países densamente povoados

Nurkse detalha o problema de suprimento de capital, argumentando que adquire natureza distinta a depender se a nação atrasada em questão é pouco ou densamente povoada.

Os países densamente povoados teriam ampla margem de desemprego disfarçado, ou seja, mesmo que não houvesse modificação substancial nas técnicas de produção nos setores onde se observasse esse fenômeno – em geral, setores agrícolas –, grande parte da mão de obra poderia ser transferida para outros setores – especialmente, indústrias – sem que esse deslocamento de fator trabalho incorresse na diminuição da produção dos setores que liberaram mão de obra. Em termos mais técnicos, significa que a produtividade marginal de muitos trabalhadores vinculados àquelas atividades pouco complexas seria praticamente nula – por isso a definição de desemprego disfarçado. Nesses casos, para Nurkse, é como se houvesse uma poupança oculta, pois estaria aberta a possibilidade de deslocar esse excesso de população para projetos de formação de capital, tais como para a formação de infraestrutura, sem impactar negativamente a capacidade de produção dos setores que liberariam essa mão de obra.

Já nos casos das nações escassamente povoadas, sem que se observassem melhorias radicais nas técnicas e métodos de produção, não haveria como deslocar mão de obra entre os setores, sem que isso acarretasse diminuição na produção dos setores que liberariam mão de obra, dada a escassez relativa do fator trabalho. Ou seja, mesmo sendo atividades, a princípio, de baixa complexidade, para fazer frente ao nível requerido de oferta, há um mínimo de fator trabalho a ser efetivamente empregado.

Partindo do contraponto entre os dois casos acima explicados, Nurkse destaca outra causalidade, relativa à relação entre o desenvolvimento agrícola e o industrial, condicionada à densidade populacional. No primeiro caso, de países densamente povoados, "uma melhoria substancial da técnica agrícola pode talvez surgir unicamente como resultado de um desenvolvimento industrial".[44] Em outras palavras, é como se a abundância de fator trabalho retirasse a restrição que incentiva o desenvolvimento de métodos mais produtivos na agricultura. Esse seria um aspecto negativo, do ponto de vista do desenvolvimento, na medida em que não enfrentaria, por exemplo, o problema da dualidade estrutural – em que convivem, no mesmo sistema econômico nacional, setores produtivos de baixíssima produtividade com outros de mais alta produtividade –, condição típica de países subdesenvolvidos. No segundo caso, de países com escassez populacional, "uma melhoria na agricultura é o pré-requisito para a formação de capital e para o desenvolvimento industrial".[45]

Por outro lado, o excesso de mão de obra, conforme observação de Nurkse, poderia, na verdade, significar uma disponibilidade não aproveitada de recursos. No entanto, para que essa vantagem fosse aproveitada, estaria colocada aqui novamente a necessidade de planejamento, pois os mecanismos de mercado, por si só, não se encarregariam de deslocar essa mão de obra excedente para os setores com maior potencial dinâmico de crescimento e desenvolvimento.

Efeito demonstração e seus limites ao desenvolvimento

A oferta de capital para o desenvolvimento poderia, a princípio, ser resolvida por meio de capital externo. No entanto, Nurkse argumenta que, como o nível relativo de renda, e não apenas o absoluto, também determina a poupança, a entrada de capital externo por si só não resolveria a questão

---
44. Nurkse, 1953, p. 60.
45. Ibidem.

do círculo vicioso da pobreza. O autor explica, recorrendo à teoria de Duesenberry,[46] que um incremento de renda interna poderia, por meio do chamado efeito demonstração, resultar numa maior propensão ao consumo nas nações mais pobres, reduzindo, por conseguinte, sua capacidade de poupança, mesmo diante do referido aumento de renda.[47]

O efeito demonstração, assim como ocorreria com os indivíduos quando entrassem em contato com padrões de gastos superiores, também seria observado no plano internacional. Sobre a resposta direta do efeito demonstração, de emular padrões de consumo, ressalta ainda o autor que "É sempre mais fácil adotar hábitos de consumo superior do que métodos aperfeiçoados de produção".[48]

Ainda sobre o efeito demonstração, Nurkse faz uma interessante observação, identificando-o no próprio processo global de busca pelo desenvolvimento, tendo como norte o padrão de civilização das nações centrais:

> A preocupação do desenvolvimento econômico é, por si só, num sentido óbvio, um efeito de demonstração.

---

46. Nurkse (1952, p. 271) se refere ao livro *Income Saving and the Theory of Consumer Behavior*, de James S. Duesenberry, em que o autor apresenta "[...] a hipótese de que as funções consumo relacionam-se entre si em vez de serem independentes [...]". Essa hipótese contempla o chamado "efeito demonstração", que sugere que "Quando os indivíduos entram em contato com bens ou esquemas de gastos superiores, podem sentir certa tensão e inquietação – sua propensão ao consumo aumenta".
47. Sobre essa questão, vale destacar a observação de Furtado (1954b, p. 328), para quem essa sugestão de Nurkse é crucial, pois "[...] põe em evidência que o processo de desenvolvimento dos países atualmente subdesenvolvidos não pode alcançar espontaneamente seu ritmo ótimo". Furtado destaca, além disso, que, diferentemente do ocorrido no processo de desenvolvimento das nações ricas, pelo qual se observou uma transformação lenta nos hábitos de consumo, o que passou a ocorrer, por conta dos meios de comunicação e propaganda, foi uma mudança cada vez mais intensa e rápida nos hábitos de consumo. O efeito dinâmico dessa tendência sobre as nações atrasadas é de justamente dificultar o seu processo de desenvolvimento.
48. Nurkse, 1952, p. 272.

Dificilmente seria tão acentuado se estivessem num planeta diferente as nações de rendas altas.[49]

Como resultado dessa propensão a consumir incrementada pelo contato com padrões de consumos superiores, observa-se, nas economias atrasadas, uma tendência ao desequilíbrio no balanço de pagamentos, por meio da pressão sobre as importações. Além disso, ao conduzir ao maior consumo e reduzir a quantidade de poupança interna disponível – considerada, por Nurkse, requisito para a formação de capital –, o efeito demonstração, ressaltado e estimulado pelas disparidades internacionais de renda, acaba prejudicando a própria formação de capital nos países mais atrasados. Assim, conclui-se que a desigualdade de renda internacional, por meio do efeito demonstração, alimentaria o funcionamento do círculo vicioso da pobreza, o que, por sua vez, incrementaria ainda mais o nível de disparidade entre as nações ricas e as nações pobres.

Um meio de coibir os efeitos perniciosos do efeito demonstração – ou, diretamente, do desequilíbrio no balanço de pagamentos por ele desencadeado – seria a aplicação de restrições às importações, especialmente as dos chamados bens de luxo. No entanto, segundo Nurkse, essa política de restrição não seria por si só eficaz, pois o efeito demonstração tende a atuar na função de consumo geral, e não apenas na pauta de importação. Ao concentrar o padrão de consumo em bens supérfluos, o efeito demonstração pode resultar na concentração de capital, já escasso nos países atrasados, em indústrias produtoras desses bens de luxo.

O mesmo resultado verificar-se-ia no caso das transferências unilaterais de renda dos países ricos aos pobres, no caso

---

49. Nurkse, 1953, p. 74. Sobre esse ponto, vale ressaltar a semelhança com a teoria da classe ociosa e a definição de consumo conspícuo de Veblen (1899); no caso de Nurkse, aplicada às nações.

de uma melhoria nas relações de troca favorável aos países subdesenvolvidos e no caso do investimento internacional autônomo. Assim, o pioneiro afirma sinteticamente que "O problema não é que isto seja prejudicial, mas sim que não consegue contribuir para o desenvolvimento econômico".[50] Desse modo, para Nurkse, a solução para a acumulação de capital nas economias subdesenvolvidas não pode ser alcançada sem grandes esforços internos, ou seja, sem acumulação de capital potencializada internamente.

Em todos os casos, a formação de capital depende de políticas complementares internas. A ação interna é crucial tanto no que se refere ao uso efetivo, no sentido da formação de capital, dos recursos que se disponibilizem, quanto para abrir novos caminhos para captar e formar mais capital. Como bem ressalta o autor, "Em certo sentido, pois, tudo se resume a isto: capital é realizado em casa".[51]

Coalizão nacional para o desenvolvimento

Se o capital deve ser realizado em casa, faz-se necessário definir também o papel do Estado nesse processo. Nurkse enfatiza que a maioria das nações subdesenvolvidas precisa da participação ativa do Estado na condução tanto dos planos de investimento, quanto na promoção de políticas que captem recursos para esse fim. No entanto, o autor ressalta que não há uma fórmula única, cabível a todos os contextos, pois "Cada país deverá ter sua combinação própria, de acordo com as suas necessidades e oportunidades. Não pode haver para isso receita de padrão universal".[52] Essa observação é importante, pois evidencia a crucialidade das especificidades das nações que, mesmo apresentando a característica comum de subdesenvolvimento, são hetero-

---

50. Nurkse, 1952, p. 277.
51. Nurkse, 1953, p. 160.
52. Ibidem, p. 173.

gêneas, o que pode lhes implicar dinâmicas e necessidades completamente distintas. Cada nação passou por um processo de evolução, ou uma trajetória socioeconômica particular, o que faz de cada uma delas um sistema adaptativo complexo repleto de idiossincrasias.

Nurkse também realiza uma observação que sugere a necessidade de que haja uma coalizão social em prol do programa de desenvolvimento, bem como uma ampla participação dos agentes econômicos internos que compõem o sistema nacional. Desse modo, afirma que "A formação de capital só pode ser permanentemente bem sucedida numa comunidade que tenha consciência do problema", o que remete novamente à ideia de que a formação de capital no contexto do subdesenvolvimento requer grandes esforços internos. Nesse ponto, ressalta as características individuais, ligadas ao uso do capital, que considera importantes "entre eles[as] a iniciativa, prudência, engenhosidade e visão". Assim, ao Estado caberia "permitir o exercício dessas qualidades e reduzir as barreiras ao seu desenvolvimento".[53]

Dessa forma, o Estado, além de atuar de maneira direta na captação e direcionamento de recursos, pode e deve fazê-lo indiretamente, por meio, por exemplo, de garantias institucionais e políticas de incentivo que permitam que a sociedade – representada especialmente pelos capitalistas nacionais –, em conjunto com o Estado, atue para superar as dificuldades de formação de capital que enfrentam as nações subdesenvolvidas, possibilitando-lhes, assim, que tenham chances de ser bem-sucedidas no objetivo de se desenvolverem economicamente.

Conclusão: para romper com o círculo vicioso da pobreza

Nurkse reporta-se às dificuldades concernentes à acumulação de capital como um conjunto de circunstâncias

---

53. Nurkse, 1953, p. 176-177.

que podem levar à conservação de uma economia atrasada num estado de equilíbrio subdesenvolvido. Esse seria o chamado círculo vicioso da pobreza.

Para o autor, o progresso econômico não é gerado espontaneamente. Para tal, se fazem necessárias ações direcionadas pelo Estado e amparadas pela sociedade. No entanto, apesar de todas as dificuldades, defende que "o círculo não é intransponível. E, uma vez rompido em qualquer ponto, pelo próprio fato de ser circular a relação, apresenta-se a tendência de progresso cumulativo".[54]

Apesar da concordância de Nurkse com relação à teoria do crescimento equilibrado, a estratégia de crescimento equilibrado deve ser pensada em termos globais, significando que as nações atrasadas precisam diversificar sua pauta exportadora na direção de produtos mais elaborados, bem como direcionar esforços para o desenvolvimento do mercado interno.

A identificação da ocorrência do efeito demonstração implica que, se não houver direção de planejamento e grandes esforços internos, estaria colocada uma tendência a direcionar os recursos ou ao consumo propriamente dito de bens de luxo ou à concentração de capital em setores produtores desses bens. Sem políticas complementares, como as de caráter protecionista, o efeito demonstração acabaria por frear o próprio processo de desenvolvimento.

Nurkse então conclui que o Estado, além de atuar de maneira direta na captação e direcionamento de recursos, deve disponibilizar garantias institucionais e políticas de incentivo que permitam a sociedade atuar para superar o círculo vicioso da pobreza.

---

54. Singer, 1952, p. 14.

CAPÍTULO 4

LEWIS: OFERTA ILIMITADA DE MÃO DE OBRA E A DUALIDADE ESTRUTURAL

Economista nascido em Santa Lúcia, formado intelectualmente na Inglaterra (1915-1991)
Fonte: <https://bit.ly/2Neqr1C>. Acesso em: out. 2018.

Nesse capítulo, a apresentação da contribuição teórica de Lewis é realizada especialmente por meio de duas fontes.[55] A primeira delas, datada de 1954, é o artigo em que o pioneiro constrói um modelo de desenvolvimento sob a hipótese de oferta ilimitada de mão de obra. A segunda fonte, datada do ano seguinte, 1955, é o livro em que Lewis realiza uma extensa discussão de fatores que considera cruciais para compor uma teoria do desenvolvimento econômico – embora o título original do seu livro se refira a crescimento econômico.[56]

---

55. Além de comentários do próprio autor sobre sua obra (Lewis, 1984), à semelhança do realizado com Rosenstein-Rodan e Singer.
56. É possível inferir, inclusive, que o autor a mistura entre os termos crescimento e desenvolvimento; nesse sentido, buscou-se respeitar aqui os termos originais utilizados pelo autor. Vale ressaltar, ademais, que essa mistura en-

Oferta ilimitada de mão de obra e dualidade estrutural

Lewis faz da oferta ilimitada de mão de obra não qualificada uma hipótese de seu modelo teórico. O autor define que há ilimitada oferta de trabalho nos países onde a população é tão volumosa, relativamente ao capital e aos recursos naturais, que em diversos setores da economia é possível observar produtividade marginal do trabalho zero ou quase zero, tal como define Rosenstein-Rodan como desemprego disfarçado e Nurkse identifica otimistamente como poupança oculta.

Por conta dessa especificidade, o desenvolvimento econômico, no contexto do subdesenvolvimento, não seria um objeto adequadamente tratável, nem pela microeconomia convencional – que se refere à alocação de recursos escassos –, nem pela macroeconomia keynesiana[57] – pois essa só admite desemprego involuntário, e não subemprego, que é um fenômeno característico das economias subdesenvolvidas com oferta ilimitada de mão de obra.

Também relacionada à abundância do fator trabalho, emerge outra especificidade dos países subdesenvolvidos: a chamada dualidade estrutural. Tal conceito demonstra a existência de hiatos de produtividade significativos entre os setores produtivos de um mesmo sistema econômico nacional. Em geral, um setor voltado à exportação – com maior produtividade – e outro voltado ao abastecimento do mercado interno – de baixa produtividade. Segundo

---

tre os termos não ocorre somente com o pioneiro Lewis, mas antes reflete o debate da época, em que crescimento e desenvolvimento econômicos ainda se misturavam (ver, por exemplo, Arndt, 1987).

57. A análise que Keynes desenvolve na teoria geral do emprego, do juro e da moeda refere-se aos problemas do desemprego involuntário no contexto de nações capitalistas desenvolvidas.

Lewis, a dualidade estrutural não implica necessariamente a atribuição de atrasado ao setor agrícola (ou à zona rural) e moderno ao setor industrial (ou à zona urbana) – embora, naquele momento histórico do Pós-Segunda Guerra, geralmente se observasse essa identificação.

Nos países subdesenvolvidos, de acordo com o Lewis, existem ilhas de modernidade num mar de atraso:

> Não temos durante a expansão uma ilha de emprego capitalista cercada de um vasto mar de trabalhadores de subsistência, mas sim, certo número de ilhas diminutas deste tipo. Isto é muito típico nos países que se encontram nas primeiras fases de desenvolvimento.[58]

Ou seja, além de as ilhas serem minoria – e com capacidade de absorção de mão de obra mais reduzida –, possivelmente ainda são desconectadas, implicando uma descontinuidade da potencialização dos efeitos multiplicadores – e, por conseguinte, de autopropulsão para gerar crescimento e desenvolvimento sustentado – mesmo entre os parcos setores modernos. E sendo o mar de atraso representativo da maior parte da matriz produtiva dos países subdesenvolvidos, deduz-se que a maior parte da mão de obra está vinculada a tais atividades de baixa ou baixíssima produtividade.

A desconsideração da hipótese de oferta ilimitada de mão de obra nas economias atrasadas, segundo Lewis, teria levado os economistas a aconselharem erroneamente os países subdesenvolvidos, na medida em que o excesso de mão de obra não qualificada apresenta consequências dinâmicas

---

58. Lewis, Arthur. O desenvolvimento econômico com oferta ilimitada de mão-de-obra. In: Agarwala, A. N.; Singh, S. P. (eds.). *A Economia do Subdesenvolvimento*. Rio de Janeiro: Forense, 1969 [1954], p. 414.

importantes ao funcionamento do sistema econômico nacional. Segundo o autor, "os custos monetários são completamente desorientadores para as economias em que existe excedente de mão de obra ao nível de salário dominante".[59]

O pioneiro complementa que, ao mesmo tempo em que a teoria das vantagens comparativas se constitui em um argumento favorável ao livre comércio nos países que não possuem oferta ilimitada de mão de obra, seria um argumento válido em prol do protecionismo no caso dos países com oferta ilimitada de mão de obra.

Distribuição funcional da renda e acumulação de capital

Lewis parte de uma estrutura teórico-analítica clássica – ou seja, o volume de capital define o fator trabalho a ser utilizado e o produto resultante na economia é distribuído entre as classes, na forma de salários, renda da terra e lucros – e de um modelo de dualidade estrutural – no qual há um setor atrasado, em que a produtividade marginal do trabalho é muito baixa, e há um setor moderno de alta produtividade com maior capacidade de acumulação a ele associada.

Assim, a partir da ótica da distribuição do excedente econômico – que também definirá, sob essa perspectiva, a capacidade de acumulação futura –, Lewis identifica que o grande problema dos países subdesenvolvidos reside no fato de que a parcela de lucros é muito pequena. Se a parcela de lucros é muito pequena, qual das outras duas – renda da terra ou salários – estaria acima do considerado adequado pelo autor?

Para Lewis, a parcela de lucros seria muito pequena porque a parcela de renda da terra seria muita alta. Em outras palavras, quando aumenta a parcela da renda da terra no

---
59. Lewis, op. cit., p. 450.

produto líquido, diminui a própria base de acumulação de capital. Desse modo, para aumentar a base de acumulação do capital, far-se-ia necessário o aumento da parcela de lucros, mas não em detrimento da parcela dos salários, e sim da parcela da renda da terra. Mesmo porque, nessa estrutura produtiva dual – com o identificado excesso de mão de obra não qualificada –, os capitalistas produtivos do setor moderno já se aproveitam da dinâmica do setor atrasado, na medida em que este mantém a taxa de salários estável e, por conseguinte, a participação dos salários no produto líquido.

Assim, o caminho para o processo de expansão da acumulação capitalista estaria, por conseguinte, na distribuição funcional da renda ou no que se faz do excedente capitalista. Para Lewis, com a ampliação do setor capitalista, o setor moderno se ampliaria, e com ela sua capacidade de absorção de mão de obra: "O excedente torna-se então, ainda, maior; a formação de capital aumenta ainda mais e, assim, o processo continua até que desaparece o excedente de mão de obra".[60]

Portanto, para Lewis, a questão principal do desenvolvimento econômico é a rápida acumulação de capital, sendo o seu problema crucial a distribuição da renda em benefício da classe que teria capacidade de poupar e, pelo raciocínio do autor, também de investir.[61] Ainda sobre esse ponto, Lewis destaca o problema sociológico a respeito da necessidade de surgimento de uma classe capitalista que realize investimentos produtivos de capital. O autor

---

60. Lewis, op. cit., p. 418.
61. "Se perguntarmos: 'Por que poupam tão pouco?', a verdadeira resposta seria: 'Porque são muito pobres', se nos sentíssemos tentados a concluir pelas impressionantes e elogiáveis correlações de Colin Clark. A verdadeira resposta é: 'Porque seu setor capitalista é muito pequeno' (lembrando que 'capitalista' não significa aqui capitalista privado, mas pode ser igualmente aplicado ao Estado capitalista)" (Lewis, 1954, p. 425).

observa que o surgimento desses capitalistas estaria provavelmente condicionado à existência de novas oportunidades de mercado, associadas a alguma nova técnica de produção. Embora não explique como quebrar esse círculo vicioso, o autor indica que "Uma vez tendo surgido o setor capitalista é só uma questão de tempo para que ele atinja uma dimensão considerável."[62]

Instituições e retroalimentação positiva

De acordo com Lewis, a investigação das ações humanas deve ser realizada em diferentes níveis, uma vez que, além das causas imediatas do desenvolvimento, observam-se as causas dessas causas. O autor destaca três causas principais, que usualmente são observadas em conjunto: o esforço de economizar, o aumento do conhecimento e sua aplicação, e a expansão do volume de capital per capita. No entanto, se não houver um ambiente favorável à eclosão dessas forças, elas não se revelariam espontaneamente em prol do desenvolvimento.

E, para que se tenha um ambiente favorável, o autor salienta o papel das instituições e das crenças, buscando explicar não apenas quais delas são compatíveis com o desenvolvimento, mas como elas evoluem. Como bem ressalta o autor, "Para se compreender como e por que algo acontece, cumpre ir-se aos fatos; isto é, deve-se aplicar o método indutivo aos dados históricos".[63] No entanto, adverte Lewis que, como os fatos da história seriam muito menos seguramente estabelecidos do que os fatos da química ou da biologia, por exemplo, deveria ser reconhecida a fragilidade de qualquer hipótese que tivesse apenas a história como base.

---

62. Lewis, op. cit., p. 426.
63. Lewis, Arthur. *A Teoria do Desenvolvimento Econômico*. Rio de Janeiro: Zahar, 1960 [1955], p. 18.

Lewis destaca que o subdesenvolvimento pode ser definido a partir de ao menos três perspectivas, intimamente correlacionadas entre si. Comparada a outras nações, uma nação pode ser dita subdesenvolvida em relação à sua tecnologia atrasada, às suas instituições desfavoráveis ao investimento ou à sua baixa dotação de capital per capita, resultando em uma baixa renda per capita. E, embora, a depender do caso, possa se destacar um obstáculo principal ao desenvolvimento, aquele que se propor a enfrentar o problema "deve ele ter em mente que, se alcançar sucesso, muitas outras mudanças se requerem além do fator com o qual está imediatamente preocupado".[64]

Para Lewis, tendo como objetivo o desenvolvimento econômico, o papel mais importante a ser desempenhado pelas instituições é o grau de liberdade que permitem aos agentes econômicos, implicando a elas um papel de retroalimentador positivo, seja em prol ou contra o processo de crescimento.[65] Além disso, há que se notar que o ajustamento das instituições às condições econômicas vigentes pode ser um processo penoso, desequilibrado e incompleto: "O novo e o velho se misturam sem lógica, e em proporções curiosas, que diferem amplamente entre uma sociedade e outra. A transformação nunca é integral".[66]

Implicar às instituições um papel de retroalimentador positivo não quer dizer, por sua vez que, uma vez posto o desenvolvimento em marcha, que esse ocorrerá para

---

64. Lewis, op. cit., p. 25.
65. "Segue-se que a mutação se reforça cumulativamente. Iniciado o desenvolvimento econômico, as instituições se transformarão sempre e cada vez mais no sentido favorável ao crescimento, fortalecendo, assim, as forças que o promovem. De outra parte, logo que a taxa de crescimento começar a declinar, as instituições se tornarão menos favoráveis ao desenvolvimento" (Lewis, 1955, p. 181-182).
66. Ibidem, p. 183.

sempre, mesmo porque o desenvolvimento é uma reação resultante de estímulos sucessivos, mas com alcance, em alguma medida, limitado. Assim, diz Lewis que "Na prática, o que mais se observa não é uma taxa constante de desenvolvimento, mas sim uma série de explosões de expansão, separadas por períodos de relativa calma".[67]

Portanto, a disponibilidade de capital, embora seja condição necessária, não é suficiente para que se configure um processo de desenvolvimento, pois, se não houver ambiente favorável ao seu aproveitamento, acabará sendo desperdiçado. Além disso, o encadeamento dos efeitos relativos ao desenvolvimento não é infinito, sendo esperado um período de absorção desses efeitos, até que se provoquem novas mudanças revolucionárias, tal como define Schumpeter[68].

O processo de desenvolvimento e o papel do Estado

Lewis destaca que um dos pontos cruciais do processo de desenvolvimento é justamente o seu início. O autor ressalta as dificuldades que podem emergir quando se observa uma concentração de esforços em apenas um setor da economia. Segundo o autor, os diversos setores deveriam crescer de maneira relacionada, caso contrário, não poderiam crescer, pois a inovação em determinado setor, se isolada, acabaria sendo freada.

Por conta das deficiências do mercado interno presentes nos estágios iniciais de desenvolvimento e dos próprios efeitos sobre a procura efetiva em outros setores, explica Lewis que, em geral, a produção para exportação acabou sendo o ponto de inflexão que impulsionou as economias

---

67. Lewis, op. cit., p. 186.
68. Schumpeter, 1912.

nacionais em direção ao progresso. No entanto, o autor adverte que a excessiva concentração no setor exportador pode ser inconveniente, especialmente por conta dos efeitos deletérios potenciais sobre os termos de troca, tal como destacado pela tese Singer-Prebisch.

Nos estágios superiores de desenvolvimento, o papel de dinamizador passaria do setor externo ao setor interno, tornando-se esse o principal sustentáculo do progresso econômico. Assim, para que fosse bem-sucedido o pontapé inicial do progresso,

> nos programas de desenvolvimento, todos os setores da economia devem crescer simultaneamente, para manter o equilíbrio adequado entre a agricultura e a indústria, e entre a produção para o mercado interno e a produção para a exportação.[69]

Isso permite incluir Lewis na teoria do crescimento equilibrado apresentada por Rosenstein-Rodan.

No processo de desenvolvimento dos países atrasados, o financiamento externo desempenha papel importante na medida em que as nações ainda pobres dificilmente satisfariam a sua necessidade de capital só com recursos internos, mesmo porque os programas de desenvolvimento calcados na industrialização requerem a importação de bens de capital para criar ou expandir a capacidade produtiva da indústria interna. No entanto, Lewis observa que, a menos que as nações atrasadas receptoras de influxos de capital externo os transformem em aumento de produtividade do setor produtor das mercadorias consumidas internamente, não haveria impacto sobre os salários reais – e, portanto, sobre o nível médio de renda.

---
69. Lewis, 1955, p. 360.

Além disso, há que se observar que o fluxo de capital dos países desenvolvidos aos subdesenvolvidos também estaria sujeito a empecilhos, pois

> a migração do capital se detém não só pelo fato de que se apresentam continuamente novas oportunidades para investir nos países desenvolvidos, como pelas deficiências em países subdesenvolvidos.[70]

A explicação para tal seria a emergência do círculo vicioso da carência de capital, o que se assemelha ao círculo vicioso da pobreza definido por Nurkse, uma vez que a produtividade de determinado investimento depende dos investimentos anteriormente realizados.

Segundo Lewis, no contexto das nações subdesenvolvidas, como os problemas de mercado e os altos custos iniciais de novos setores de atividade constituem importantes empecilhos à industrialização desses países, se não fossem adotadas medidas diferenciadas, tal como políticas protecionistas, "o hiato entre estes e as nações industriais continuaria a ampliar-se pela simples razão do impulso dado pela especialização".[71] Por isso também o papel dos governos nas nações atrasadas seria tão estratégico para estimular o desenvolvimento. Entretanto, pondera o autor que não se trata de privilegiar a ação do Estado ou da iniciativa privada, mas sim "verificar qual a contribuição mais adequada de cada um".[72]

Tendo em vista o objetivo do desenvolvimento, Lewis sugere o que seria uma adequada atuação governamental:

---

70. Lewis, 1955, p. 316.
71. Ibidem, p. 450.
72. Ibidem, p. 482.

O governo não deve gastar nem pouco nem muito; nem controlar muito nem pouco; nem tomar iniciativas demais, nem de menos; não deve desencorajar os estrangeiros, nem cair-lhes nas mãos; não deve permitir a exploração de classes, nem promover a luta de classes, e assim por diante.[73]

Ou seja, não intervir demais, nem de menos.

Refletindo de maneira retrospectiva, já na década de 1980, Lewis aponta que os autores desenvolvimentistas, incluindo ele mesmo, teriam deixado de levar em consideração um fator crucial: a instabilidade política das nações subdesenvolvidas. Seria esse um fator importante porque, em condições de instabilidade, a confiança requerida para realizar projetos de investimento, especialmente os de longo prazo, ficaria altamente comprometida. Nesse mesmo trecho, o autor destaca a superestimação do papel benevolente do Estado nas nações subdesenvolvidas. Em suas palavras: "Nós também superestimamos a eficiência esperada dos novos governos e do seu comprometimento em melhorar as condições dos pobres (o que varia em larga medida)".[74]

Conclusão: para superar o mar de atraso

A hipótese de oferta ilimitada de mão de obra não qualificada é a base para a formação do modelo de dualidade estrutural de Lewis, característica diferenciadora dos países subdesenvolvidos. Para o pioneiro, a superação do subdesenvolvimento implica que os diversos setores devem

---

73. Lewis, 1955, p. 533.
74. Lewis, Arthur. Development Economics in the 1950s. In: Meier, Gerald; Seers, Dudley (eds.). *Pioneers in Development*. Washington: Oxford University Press, 1984, p. 137, tradução livre.

crescer simultaneamente, levando à expansão das ilhas de modernidade, o que permitiria absorver o excesso de mão de obra de maneira produtiva, superando o mar de atraso.

O instrumento para incrementar a formação e acumulação de capital interno, necessários para avançar o processo de industrialização, reside na modificação da distribuição funcional da renda, de modo a incrementar a parcela dos salários em detrimento da renda da terra.

Lewis salienta ainda o papel determinante das instituições para que se revelem e se retroalimentem aspectos importantes ao desenvolvimento, por conta do grau de liberdade que permitem aos agentes econômicos.

Por fim, no contexto do subdesenvolvimento, o autor indica a importância de medidas diferenciadas e/ou protecionistas, das quais também deriva o papel estratégico do Estado para estimular o desenvolvimento; nesse sentido, o Estado não pode se furtar a intervir quando necessário, mas também não pode sobrepujar a iniciativa privada.

CAPÍTULO 5

OS EFEITOS DE ENCADEAMENTO DE HIRSCHMAN

Economista alemão (1915-2012),
estabelecido intelectualmente nos Estados Unidos
Fonte: <https://bit.ly/2NZuHaj>. Acesso em: out. 2018.

O presente capítulo baseia-se primordialmente na discussão dos elementos teóricos apresentados no livro de Hirschman publicado em 1958, em que o autor discute a estratégia do desenvolvimento econômico. Também recorre a algumas considerações feitas pelo próprio autor em um texto de quase três décadas depois, no qual se autointitula dissidente. Nele, Hirschman destaca a sua surpresa – e até decepção – em ter, ele mesmo, se tornado, em termos de economia do desenvolvimento, um "clássico".[75]

---

75. Hirschman, Alberto Otto. A Dissenter's Confession: The Strategy of Economic Development Revisited. In: Meier, Gerald; Seers, Dudley (eds.). *Pioneers in Development*. Washington: Oxford University Press, 1984, p. 87, tradução livre.

Fracassomania e determinação

Hirschman destaca que sua luta como pensador e teórico se realiza contra dois males inter-relacionados. O primeiro deles diz respeito ao hábito dos representantes, políticos ou acadêmicos, dos países desenvolvidos de emitir conselhos e prescrições peremptórios, relativos a políticas econômicas, baseando-se em princípios econômicos de suposta validade universal, sem que se tivesse um conhecimento minimamente adequado da região a ser diagnosticada. O segundo mal seria a atitude passiva dos próprios países subdesenvolvidos – o autor se refere especificamente aos latino-americanos – frente à sugestão dessas políticas prejudiciais às suas próprias economias. De acordo com o pioneiro, os latino-americanos teriam sido acostumados a apenas aceitar sugestões externas, tornando-se incapazes de aprender, e de derivar políticas próprias, a partir de suas experiências. A essa postura, o autor atribui a alcunha de fracassomania. Trata-se, portanto, de uma crítica à ausência de postura altiva e estratégias próprias para a superação da condição de subdesenvolvimento.

Para Hirschman, antes que se inicie efetivamente o processo de desenvolvimento, é difícil visualizá-lo, não apenas em virtude da grande gama de requisitos a serem preenchidos simultaneamente, mas também em decorrência dos diversos círculos viciosos a serem rompidos. No entanto, boa parte da solução dessas questões encontrar-se-ia no próprio processo de desenvolvimento, ou seja, os caminhos para o enfrentamento do subdesenvolvimento, como esperado, não existem *a priori*, pelo contrário, esses caminhos são vislumbrados apenas após o desencadeamento do processo de desenvolvimento.

Encarar a problemática dessa forma permite focar numa característica do processo de desenvolvimento fundamental, tanto à sua análise, quanto à elaboração de sua estratégia: a determinação. Para o Hirschman:

> O desenvolvimento depende menos de encontrar combinações ótimas para recursos e fatores de produção dados e mais em invocar e elencar recursos e habilidades que levem ao desenvolvimento, que estejam escondidos, dispersos ou mal utilizados.[76]

Hirschman destaca que os fatores econômicos levam a diferentes efeitos de retroalimentação sobre as suas próprias quantidades disponíveis. Especialmente no caso do capital, pois, ao gerar renda e poupança, o capital utilizado no processo de formação de alguma atividade produtiva tem o potencial de gerar efeitos mais do que suficientes para repô-lo, além de possivelmente levar à formação complementar de capital em outras atividades – o que se relaciona, conforme discutido mais à frente, à definição dos chamados efeitos de encadeamento para frente e para trás. Além disso, haveria fatores cuja disponibilidade cresceria diretamente por meio de sua própria utilização, destacando a importância do aprendizado enquanto potencializador dos efeitos de retroalimentação positiva.

Ao afirmar que o desenvolvimento depende da habilidade e da determinação de uma nação em se organizar para tal, Hirschman destaca que não se trata de uma tautologia: ao focar na determinação, leva-se em consideração o contexto específico de retardatários das nações subdesenvolvidas. Essa é uma observação crucial, na medida em que o

---

76. Hirschman, 1958, p. 5, tradução livre.

atraso relativo dessas nações implicaria que o seu processo de desenvolvimento é "um processo menos espontâneo e mais deliberado do que no caso dos países em que esse processo ocorreu primeiro".[77] Entretanto, a determinação não seria condição suficiente para o desenvolvimento; ela precisa ser combinada com a percepção de quais necessidades devem ser enfrentadas. Porém, essa percepção também só se adquire gradualmente, ao longo do próprio processo de desenvolvimento, o que implica outro círculo vicioso a ser superado.

Hirschman sugere que, se o atraso econômico se deve à quantidade insuficiente e à velocidade insatisfatória de decisões relativas ao desenvolvimento, o problema crucial reside na geração e direcionamento adequado da ação humana. Assim, seria a habilidade em tomar essas decisões o recurso escasso que condicionaria as outras dificuldades e escassezes das nações subdesenvolvidas. A chave para resolver esse problema residiria, por sua vez, em formatar mecanismos indutores efetivos do processo decisório.

Complementariedade do investimento e o processo desequilibrado de desenvolvimento

As teorias relativas à geração de poupança e à disponibilidade de oportunidades de investimento que valem para os países avançados não seriam relevantes no contexto das nações subdesenvolvidas. Naqueles casos, pode se considerar como relativamente automática a conexão entre poupança e investimento – ou seja, a existência de capital combinada ao estímulo a investi-lo.

Hirschman argumenta que, no caso dos países subdesenvolvidos, as dificuldades se encontram justamente em

---
77. Hirschman, 1958, p. 8, tradução livre.

como conectar a poupança e o investimento, se aproximando, desse modo, à definição do princípio da demanda efetiva[78]. O princípio da demanda efetiva sugere uma relação de causalidade primordial do investimento sobre a poupança – embora a poupança possa ser umas das condições necessárias para o investimento. Para o autor,

> o desenvolvimento é contido primeiramente pelas dificuldades de canalizar a poupança existente, ou potencialmente existente, para oportunidades de investimentos produtivos existentes, i. e., e pela escassez de habilidade em fazer e executar decisões de desenvolvimento.[79]

A habilidade para investir, segundo Hirschman, é adquirida e incrementada principalmente pela prática. A prática, por sua vez, depende do tamanho do setor moderno da economia, o que coloca o processo em outro círculo vicioso: como os empresários aprenderão a investir se não investirem? Entretanto, para o pioneiro, nas nações subdesenvolvidas haveria tanto recursos disponíveis – por exemplo, o excesso de mão de obra, detectável pelo desemprego disfarçado – quanto a propensão a investi-los. Por conseguinte, novamente, o problema residiria em como conectá-los.

Sobre a habilidade para investir, e destacando os seus efeitos retroalimentadores positivos, Hirschman afirma que o investimento gerado não constitui um teto, mas sim um piso para o volume de investimento resultante. O autor assimila a esse investimento o mecanismo capaz de superar as difi-

---

78. Keynes, John Maynard. *A teoria geral do emprego, do juro e da moeda.* Os Economistas. São Paulo: Nova Cultural, 1985 [1936]; Kalecki. Michal. *Teoria da Dinâmica Econômica.* Os Economistas. São Paulo: Nova Cultural, 1985 [1954a].
79. Hirschman, 1958, p. 36, tradução livre.

culdades enfrentadas pelas nações subdesenvolvidas, a que denomina de efeito complementaridade do investimento:

> o efeito complementaridade do investimento é, portanto, o mecanismo essencial pelo qual novas energias são canalizadas em direção ao processo de desenvolvimento e por meio do qual o círculo vicioso que parece confiná-lo possa ser quebrado.[80]

E, conforme avance o processo de desenvolvimento e os diversos setores da economia sejam estabelecidos, a importância do efeito complementaridade do investimento tende a diminuir, mesmo porque, por conta da disseminação e consolidação de seus efeitos – traduzidos no incremento da matriz produtiva – seu impacto passa a ser de menor alcance.

É importante notar que, uma vez iniciado o processo de desenvolvimento, isso não significa que prossegue invariavelmente sem percalços. A depender da presença de forças dinâmicas positivas ou negativas, Hirschman destaca que a velocidade do desenvolvimento econômico, bem como o seu sucesso, pode variar. Por isso, o autor enfatiza a "elevada percepção da importância de uma teoria da estratégia do desenvolvimento"[81] – o que, de certo modo, justifica o título se seu livro de 1958.

Hirschman critica a teoria do crescimento equilibrado – cujos principais representantes seriam Rosenstein-Rodan, Nurkse e Lewis – argumentando que seria falha como teoria do desenvolvimento. A sua crítica pode ser resumida da seguinte maneira: "se um país estivesse pronto para aplicar a doutrina do crescimento equilibrado, então, em primeiro

---

80. Hirschman, 1958, p. 43, tradução livre.
81. Ibidem, p. 49.

lugar, ele não seria subdesenvolvido",[82] o que remete à ideia antes apresentada de que as soluções não estão postas *a priori*, mas antes são construídas ao longo do processo. A teoria do crescimento equilibrado, de acordo com o autor, implicaria, ao contexto do subdesenvolvimento, tentativas de solução que seriam condizentes ao contexto das nações avançadas, em que se observa desemprego involuntário – mas não subemprego –, demandando, ainda, das nações subdesenvolvidas, experiência, conhecimento e habilidade em tomar decisões de investimento que ainda não possuiriam.

Destarte, a estratégia de crescimento equilibrado não seria a única via possível – e, dependendo do contexto, nem o único meio adequado – para se alcançar o desenvolvimento. Hirschman defende que o processo de desenvolvimento só pode ser provocado pelos desequilíbrios. Explicitando uma de suas influências teóricas, explica Hirschman que:

> Seguindo Gerschenkron, eu via originalidade e criatividade em desviar da trajetória seguida pelos países industriais mais antigos, em pular estágios, e em inventar sequências que tivessem a aparência de um "atalho errado".[83]

Um desses atalhos foi justamente a industrialização via processo de substituição de importações, contrapondo-se à via da teoria das vantagens comparativas ricardiana. O modelo substitutivo de importações constituiu a diretriz das políticas econômicas no período desenvolvimentista. As discussões empreendidas por Hirschman, bem como por outros pioneiros, compuseram a fundamentação teó-

---

82. Hirschman, 1958, p. 53-54, tradução livre.
83. Hirschman., 1984, p. 96, tradução livre.

rica para a consecução desse modelo de desenvolvimento, que imprimia à industrialização o caminho promissor para a superação do subdesenvolvimento latino-americano.

Para Hirschman, o processo de desenvolvimento envolve também o aprendizado da tomada de decisão. Muitos dos fatores a cuja escassez alguns autores atribuem a explicação do não desenvolvimento (por exemplo, capital, capacidade empresarial, etc.), só apareceriam no decorrer do próprio processo de desenvolvimento. Logo, não seriam requisito, mas produto desse processo. Então, a chave do argumento não estaria na ausência de determinados fatores, e sim no seu próprio processo combinatório, o que, por sua vez, remeteria à dificuldade de tomar decisões cruciais de maneira adequada e suficiente. Dessa forma, o problema fundamental do desenvolvimento consiste em gerar e direcionar a ação humana em determinado sentido. Ou seja, em última instância, seria um problema de coordenação. Nessa perspectiva, o problema crucial das teorias do desenvolvimento econômico seria verificar sob que condições as decisões de desenvolvimento podem ser promovidas e efetivadas.

Associadas ao processo de desenvolvimento estão as transformações ou mudanças radicais, no sentido da destruição criativa de Schumpeter.[84] Hirschman atesta que: "Se é para a economia continuar avançando, a tarefa das políticas de desenvolvimento é manter as tensões, desproporções e desequilíbrios".[85] Assim sendo, são justamente os mecanismos que levam ao afastamento do equilíbrio que formariam um padrão adequado ao processo de desenvolvimento, pois são os desequilíbrios que desencadeiam as mudanças. E são as mudanças que, por sua vez, geram novos desequilíbrios.

---

84. Schumpeter, 1943.
85. Hirschman, 1984, p. 66, tradução livre.

Segundo Hirschman, no processo de desenvolvimento, a cada passo, um determinado setor produtivo tomaria as vantagens das economias externas geradas por uma expansão, desencadeada por investimento em capacidade produtiva prévio, ao mesmo tempo em que criaria novas economias externas a serem exploradas por outros setores. Esse seria o efeito direto ou contágio do investimento, ou, tal como definira o autor anteriormente, efeito complementaridade do investimento. O investimento induzido por efeitos de complementaridade possuiria o potencial de transformação revolucionária no sentido schumpeteriano, o que é necessário para romper com a condição de subdesenvolvimento. A consideração do efeito complementaridade do investimento se assemelha ao mecanismo do multiplicador keynesiano da renda e do emprego. E, vale observar, como há um grande número de repercussões potenciais desse efeito de complementaridade, e por conta da incerteza envolvida no processo, seria impossível listar tudo o que aconteceria ou que poderia vir a acontecer no evolver do processo de desenvolvimento.

O processo de crescimento desequilibrado é observável também no sentido geográfico. De acordo com Hirschman, o desenvolvimento inicia-se em um ou poucos centros regionais economicamente fortes. A necessidade de emergência desses polos de crescimento no decorrer do processo desenvolvimento significa, por sua vez, que a desigualdade internacional e inter-regional do crescimento constitui uma condição simultânea e inevitável do crescimento em si. Por outro lado, o processo de crescimento desequilibrado geraria pressões e tensões que poderiam potencialmente estimular o crescimento em outras regiões.

Encadeamentos para frente e para trás

Alinhado ao efeito complementaridade do investimento, Hirschman define os conceitos de encadeamento para trás e para frente. Os encadeamentos para trás referem-se a que "qualquer atividade econômica não primária induzirá esforços para suprir, por meio da produção doméstica, os insumos necessários àquela atividade"[86] e os encadeamentos para frente a que,

> qualquer atividade, que por sua natureza, não atenda exclusivamente a demandas finais, induzirá esforços para que se utilizem seus produtos como insumos em algumas outras atividades.[87]

Segundo o autor, o caráter cumulativo do desenvolvimento, bem representado pelos encadeamentos para frente e para trás, mostra-se na observação de que os efeitos de encadeamento de duas ou mais indústrias vistas em conjunto são mais intensos do que o seriam se os efeitos dessas indústrias fossem analisados isoladamente.

Importante notar igualmente que, quanto à potencialidade de seus efeitos transformadores, os encadeamentos para trás seriam mais importantes do que os encadeamentos para frente. Isso porque, o encadeamento para frente não ocorre sozinho: aparece sempre acompanhado pelo encadeamento para trás, que resultaria da pressão de demanda. No entanto, com bem ressalta Hirschman,

---

86. Hirschman, 1984, p. 100, tradução livre.
87. Ibidem. Como medida do grau de interdependência, Hirschman sugere que se meça, para cada indústria: a proporção do seu produto total que não se encaminha para a demanda final, e sim para outras indústrias; e a proporção de sua produção que representa a aquisição de outras indústrias (1958, p. 105).

Enquanto os encadeamentos para frente não podem ser considerados como um mecanismo de indução independente, eles agem como um importante e poderoso reforço para o encadeamento para trás.[88]

Seria justamente a falta de interdependência e de encadeamentos entre os setores que compõem o sistema econômico nacional uma das características típicas das nações subdesenvolvidas. Mesmo porque, essas nações permanecem baseadas principalmente na agricultura, especialmente a agricultura de subsistência, caracterizada por raros (ou fracos) efeitos de encadeamento. Sobre esse ponto, diz o pioneiro Hirschman que:

> A superioridade da manufatura a esse respeito é esmagadora. Essa pode ser ainda a mais importante razão militando contra qualquer completa especialização dos países subdesenvolvidos na produção de primários.[89]

Ou seja, a via de industrialização seria inevitável – condição necessária para escapar do subdesenvolvimento e do papel tradicional na divisão internacional do trabalho.

Conforme destacado anteriormente, Hirschman concede muita ênfase aos elementos que emergem do próprio evolver do processo de desenvolvimento, destacadamente a habilidade em tomar decisões, como reflexo da capacidade incrementada de compreensão dos próprios problemas. Nesse sentido, o pioneiro destaca que as próprias tensões que surgem durante o processo de desenvolvimento podem adicionar força para que ele prossiga. Dito de outra

---

88. Hirschman, 1958, p. 117, tradução livre.
89. Ibidem, p. 109-110, tradução livre.

forma, as tensões, se bem compreendidas e enfrentadas, na verdade podem vir a potencializar o desenvolvimento, por conta dos efeitos dinâmicos que provocam:

> Trata-se de lugar comum o fato de que o desenvolvimento carrega consigo muitas distorções e tensões. Mas o que é menos compreendido é o fato de que o desenvolvimento também extrai nova força das tensões que ele cria.[90]

Compreender esse papel positivo que as tensões emergentes podem desempenhar no próprio processo de desenvolvimento implica uma nova ênfase, e provavelmente maior efetividade, da assistência técnica e política que os países desenvolvidos deslocam às nações subdesenvolvidas – papel que o próprio pioneiro cumpriu na América Latina. Mas, para isso, faz-se necessário superar o hábito dos representantes, políticos ou acadêmicos, dos países desenvolvidos de emitir conselhos baseando-se em teorias com suposta validade universal, bem como a fracassomania dos países subdesenvolvidos.

Como bem ressalta Hirschman, grande parte da resolução do problema do subdesenvolvimento se encontra no seu claro entendimento: se não há consciência do problema a ser enfrentado, as soluções que decorrem podem ser fúteis ou brutais demais. Essa observação ganha especial interesse no caso das políticas públicas e do papel do Estado, pois o sonho do desenvolvimento, na verdade, pode se transformar em um pesadelo. Segundo o autor,

> a política econômica pode ser pior do que somente ineficaz: a inutilidade pode ser substituída abruptamente pela brutalidade, pelo desprezo ao

---
90. Hirschman, 1958, p. 209, tradução livre.

sofrimento humano, aos direitos adquiridos, aos procedimentos legais, aos valores tradicionais, em suma, à tênue e precária camada de civilização.[91]

Conclusão: estratégia para o desenvolvimento econômico

Para a definição da estratégia de superação do subdesenvolvimento, central à argumentação de Hirschman é o próprio caráter desequilibrado do processo de desenvolvimento. Para o autor, ignorar esse caráter, não o compreender e não saber extrair dele o potencial que apresenta para o próprio processo de desenvolvimento seria a grande falha das sugestões e políticas efetivamente implementadas com o objetivo de romper com o subdesenvolvimento. Para essa referida incompreensão, certamente contribui o que Hirschman nomeia de fracassomania e a insistência em conselhos de política econômica gerais.

Hirschman não apenas destaca os efeitos de retroalimentação permitidos pelos investimentos – os encadeamentos para frente e para trás – em setores industriais, mas deriva das próprias mudanças – e desequilíbrios – desencadeadas pelo processo uma fonte crucial de efeitos positivos ao desenvolvimento. É como se boa parte das soluções dos círculos viciosos do subdesenvolvimento fossem propriedades emergentes do próprio processo, não podendo, por conseguinte, ser pressupostas *a priori*.

Note-se, além disso, que destacar a propriedade de emergência não significa esperar que essas soluções surjam espontaneamente. Como bem ressalta o autor, grande parte da resolução do problema do subdesenvolvimento encontra-se no seu claro entendimento, do que implica que, se houver ação estatal, ela deve estar plenamente consciente e orientada.

---

91. Hirschman, 1958, p. 210, tradução livre.

CAPÍTULO 6
MYRDAL E A CAUSAÇÃO CIRCULAR CUMULATIVA

Economista sueco (1898-1987)
Fonte: <https://bit.ly/2Rk5bL1>. Acesso em: out. 2018.

Esse capítulo tem como fonte de inspiração principal o livro *Teoria Econômica e Regiões Subdesenvolvidas*, publicado em 1957. Nele, Myrdal apresenta suas principais ideias e conceitos concernentes à economia do desenvolvimento, os quais justificam a sua denominação de pioneiro.

No entanto, apesar de ser denominado um pioneiro do desenvolvimento, o próprio autor não se considerava como parte da linha de frente da economia do desenvolvimento:

> Eu não pertenço aos verdadeiros pioneiros que, imediatamente após a guerra [...] assumiram o estudo dos problemas relativos ao desenvolvimento dos países subdesenvolvidos.[92]

---

[92] Myrdal, Gunnar. International Inequality and Foreign Aid in Retrospect. In: Meier, Gerald; Seers, Dudley (eds.). *Pioneers in Development*. Washington: Oxford University Press, 1984, p. 151, tradução livre.

De qualquer modo, assim como no caso de Hirschman, sua obra foi incorporada – e é associada – ao chamado desenvolvimentismo clássico.

A seguir, são apresentadas algumas de suas reflexões teóricas a respeito das desigualdades, em diversos níveis, e do subdesenvolvimento.

Crescente desigualdade internacional e causação circular cumulativa

No estudo das desigualdades entre as nações encontram-se o foco e o propósito do trabalho teórico de Myrdal:

> Focalizo aqui um aspecto particular da situação internacional: as enormes e sempre crescentes desigualdades econômicas entre os países desenvolvidos e os subdesenvolvidos.[93]

De maneira semelhante aos demais pioneiros, Myrdal não considera válido e natural o resultado de convergência da riqueza e desenvolvimento das nações por meio das trocas internacionais, destacando como característica marcante da situação internacional a crescente desigualdade econômica entre os países. No entanto, essa não seria uma situação imutável.

Segundo Myrdal, a Segunda Guerra Mundial, ao eliminar muitas das estruturas de controle tradicionais que sustentavam o sistema de poder mundial, fez emergir um renovado nacionalismo, baseado no qual diversas nações, relativamente mais pobres, passaram a reivindicar, além da liberdade, a igualdade de oportunidades, aspirando, por

---

93. Myrdal, Gunnar. *Teoria Econômica e Regiões Subdesenvolvidas*. 2. ed. Rio de Janeiro: Saga, 1968 [1957], p. 12.

conseguinte, o alcance do desenvolvimento econômico. O autor destaca inclusive a mudança de denominação dessas nações, observada a partir de então, que teria passado de "atrasadas" para "subdesenvolvidas", o que seria reflexo da própria mudança de percepção sobre a situação econômica e a perspectiva futura desse grupo de países. Enquanto atrasado teria um caráter estático, subdesenvolvimento teria um caráter dinâmico e, por isso, aparentemente, seria um termo que refletiria uma melhor perspectiva de possibilidades futuras de desenvolvimento do que a denominação de atrasado.

Para fundamentar a sua argumentação, Gunnar Myrdal realiza uma crítica metodológica à visão convencional da teoria econômica baseada na perspectiva de equilíbrio. A perspectiva equilibrista traria implícita a ideia de que, em resposta a uma mudança em determinada direção, surgiriam automaticamente mudanças secundárias em direção oposta à primeira, de modo a neutralizá-la – e, portanto, redirecionando ao equilíbrio inicial. Relacionada à perspectiva equilibrista está também a ideia de que seria suficiente analisar a realidade social baseando-se somente em fatores econômicos. Myrdal, no entanto, aponta que não se verifica na realidade uma tendência automática à estabilização do sistema social em boa medida explicada por fatores não econômicos.

Assim, para Myrdal, ao invés de convergência para, haveria sim uma tendência de afastamento do estado dito de equilíbrio. A explicação dessa dinâmica que desvia do dito equilíbrio está no processo de causação circular cumulativa:

> Em geral uma transformação não provoca mudanças compensatórias, mas, antes, as que sustentam e conduzem o sistema, com mais intensidade, na

mesma direção da mudança original. Em virtude dessa causação circular, o processo social tende a tornar-se acumulativo e, muitas vezes, a aumentar, aceleradamente, sua velocidade.[94]

Com base no conceito de causação circular, Myrdal infere que, quanto mais se conhece a maneira como os fatores (econômicos e não econômicos) se inter-relacionam, maior a capacidade de alcançar bons resultados em termos de política, em especial aquelas que tenham como pretensão alterar o sistema social para desenvolvê-lo. Processo que, no contexto dos países subdesenvolvidos, requer mudanças de grande alcance. Assim sendo, conhecer as causações entre os fatores potencializa e canaliza de forma mais eficaz os efeitos positivos ao desenvolvimento, facilitando a tarefa de superação do subdesenvolvimento.

A omissão ou desconsideração dos fatores não econômicos[95], e que corresponderiam aos principais meios de causação circular cumulativa, representaria, então, uma das principais deficiências da teoria econômica. Além disso, a incorporação de fatores não econômicos, necessários para discutir o tema desenvolvimento, tornaria inviável a utilização de métodos ditos equilibristas. Em suas palavras:

> É precisamente no âmbito dessa grande parte da realidade social que a análise econômica deixa de fora pela abstração dos fatores "não econômicos",

---

94. Myrdal, op. cit., p. 34.
95. Como exemplo de fatores não econômicos e seus efeitos, o seguinte trecho é elucidativo: "as regiões mais pobres, desassistidas, não podem financiar programas adequados de assistência médica; suas populações são menos sadias e apresentam menor eficiência produtiva. Há menos escolas e estas são inferiores – no sul da Europa, a população das regiões mais pobres ainda é, em grande parte, analfabeta" (Myrdal, 1957, p. 47).

que a premissa do equilíbrio cai por terra. Esses fatores não econômicos não podem ser tidos como consumados e estáticos; as suas reações se fazem normalmente por meio de desequilíbrios.[96]

Conforme dito anteriormente, em linha com a argumentação dos demais pioneiros, observa Myrdal que se o processo cumulativo, alimentado pela causação circular, não for controlado, promove desigualdades crescentes. Entretanto, para o pioneiro, é possível atingir uma posição estável por meio de interferências políticas planejadas. Para tal, faz-se necessário conhecer e compreender como os diversos fatores se inter-relacionam.

Subdesenvolvimento e efeitos propulsores fracos

Para Myrdal, um país pode ser definido como subdesenvolvido quando "os poucos impulsos que estão sendo deferidos não resultaram em aumento substancial e contínuo da demanda, renda, investimentos e produção".[97]

O autor argumenta que, quanto mais alto o nível do desenvolvimento de uma nação, mais fortes tenderiam a ser os efeitos propulsores. Desse modo,

> a neutralização dos "efeitos regressivos", quando um país alcança um alto nível de desenvolvimento [...] refletir-se-á no desenvolvimento econômico e se tornará, assim, fator importante do processo acumulativo.[98]

---

96. Myrdal, 1957, p. 28-29.
97. Ibidem, p. 61.
98. Ibidem, p. 62.

Nesse sentido, o autor aponta que parte da explicação dos males dos países subdesenvolvidos reside no fato de os "efeitos propulsores" serem fracos. Deixado às forças do mercado, o que se observa é a geração ou ampliação de desigualdades regionais, sendo que as próprias desigualdades representam obstáculos ao progresso. De acordo com o autor, "Esta é uma das relações interdependentes, por meio das quais, no processo acumulativo, 'a pobreza se torna sua própria causa'".[99]

A referência de Myrdal à debilidade dos efeitos propulsores guarda também paralelos com os encadeamentos para frente e para trás de Hirschman (1958), e com a promoção de investimentos em bloco para potencializar os efeitos propulsores das economias externas de Rosenstein-Rodan (1943, 1944). As sugestões de políticas derivadas de Rosenstein-Rodan – bem como de Nurkse (1952, 1953) e Lewis (1954, 1955), na medida em que compartilham da teoria do crescimento equilibrado – e de Hirschman se direcionariam, justamente, a enfrentar os efeitos propulsores fracos definidos por Myrdal.

Myrdal também interliga as desigualdades regionais internas e as desigualdades internacionais. O autor argumenta que esses "dois tipos de desigualdade são causa um do outro, na forma circular do processo acumulativo".[100]

A explicação para essa interdependência se inicia pela relação entre a falta de integração econômica nacional e o próprio atraso econômico, pois os baixos níveis, por exemplo, de mobilidade social e de educação, significam maiores obstáculos aos efeitos propulsores de um determinado movimento expansionista, dificultando, por conseguinte, uma maior integração nacional, criando e perpetuando desigualdades internas.

---

99. Myrdal, 1957, p. 63. Conclusão que se assemelha muito àquela apresentada por Nurkse (1953, p. 8), quando define o círculo vicioso da pobreza e indica que um "país é pobre porque é pobre".
100. Ibidem, p. 86.

No plano internacional, Myrdal explica que o comércio entre nações não opera no sentido de promover igualdade. Pelo contrário, especialmente no contexto do subdesenvolvimento, o comércio internacional pode acabar provocando efeitos regressivos. O mesmo raciocínio seria válido para o movimento de capitais, que tenderiam a se esquivar dos países subdesenvolvidos, direcionando-se justamente para países mais ricos e desenvolvidos.

Myrdal então reforça que o desenvolvimento econômico tem que ser promovido necessariamente por meio de interferências políticas. Pois, no final das contas, os efeitos propulsores fracos entre os países seriam, na verdade, um reflexo da fraqueza dos efeitos propulsores internos, os quais são tanto consequência como causa do baixo nível de desenvolvimento. Dessa forma, "Nessas circunstâncias, as forças de mercado tendem a acentuar acumulativamente (sic.) as desigualdades internacionais".[101] Nessa mesma linha de argumentação, o autor discorre sobre o que denomina de falta de um suposto (e até, utópico) Estado Mundial, o qual, em teoria, poderia conduzir ações que enfrentassem a tendência à desigualdade internacional. Em suas palavras: "Em nível mais profundo, a explicação é que não existe para toda humanidade base psicológica na qual pode fundar-se tal política: a base de mútua solidariedade humana".[102]

Especificamente sobre o papel do Estado nacional[103], Myrdal destaca que parte da explicação da permanência na pobreza de alguns países se encontra nas próprias políticas estatais. De acordo com o autor, nos países pobres, os esforços para promover políticas de integração nacional teriam sido

---

101. Myrdal, 1957, p. 92.
102. Ibidem, p. 103.
103. Entendido por Myrdal como "todas as interferências organizadas nas forças do mercado" (1957, p. 73).

fracos, ao contrário do ocorrido nos países ricos. Ademais, as dificuldades para aplicar medidas políticas igualitárias seriam ainda maiores nas nações pobres por conta da debilidade dos efeitos propulsores, que ocasionam maiores desigualdades.

> Nos países mais ricos, por outro lado, o progresso econômico e os níveis ascendentes de renda oferecem oportunidades para todos e, portanto, dão mais força aos ideais de generosidade consciente.[104]

O autor então destaca a interdependência das medidas, pois o combate eficiente dos efeitos regressivos por meio dos efeitos propulsores possibilitaria um ambiente mais propício – ou solidário – à implementação das medidas políticas igualitárias.

Por fim, Myrdal ressalta que a mudança mais importante a ser empreendida na esfera política das nações subdesenvolvidas é a compreensão da crucialidade do estabelecimento de um plano nacional de desenvolvimento econômico, o qual, em termos de modelo abstrato, deveria ter como base um estudo da causação circular entre os fatores relevantes para determinar a dinâmica do sistema econômico.

Diz o autor sobre o plano nacional de desenvolvimento:

> [...] deve ser o esquema do processo acumulativo de desenvolvimento econômico de um país, a previsão do evoluir desse processo, quando deflagrado, mantido e controlado por certas mudanças exógenas, induzidas no sistema social, mediante interferências estatais deliberadas. Esse esquema pressupõe, pois, um estudo da causação circular de todos os fatores relevantes do sistema social do País, quer sejam "econômicos" ou "não-econômicos".[105]

---

104. Myrdal, 1957, p. 71.
105. Ibidem, p. 133.

No entanto, como bem ressalta Myrdal, em geral, o Estado nos países subdesenvolvidos é fraco. E sua fraqueza, por sua vez, é tanto causa como consequência da debilidade dos efeitos propulsores.

Além disso, Myrdal ressalta que, para de fato haver chance de êxito no programa de desenvolvimento econômico, deve-se priorizar a criação de escolas e universidades, destinadas à preparação de cientistas e pesquisadores. Nesse sentido, observa Myrdal que:

> Os países subdesenvolvidos contam, para seu próprio uso, com a teoria econômica tradicional; mas, nesse ponto também, não devem aceitá-la sem crítica, e sem reformá-la para que se ajuste aos próprios problemas e interesses.[106]

O pioneiro defende que, para ser realista, a teoria econômica tem que se transformar numa teoria social. Com vistas a esse objetivo, deve romper com a teoria do equilíbrio estável e com os princípios do *laissez-faire*, dos quais decorrem os fundamentos para defender a teoria do livre intercâmbio – e das vantagens comparativas. A sua contribuição teórica teria como propósito justamente se desenvolver nessa direção, qual seja, de indicar a inadequação dos fundamentos da teoria tradicional para lidar com questões relativas ao desenvolvimento.

Para o autor, a principal hipótese de uma teoria econômica supostamente mais realista deveria buscar contemplar a "causação circular entre todos os fatores do sistema social, resultantes do processo acumulativo".[107] Algo que, obvia-

---
106. Myrdal, 1957, p. 152.
107. Ibidem, p. 154-155.

mente, não se trata de tarefa trivial, se é que seria na verdade possível. No entanto, vale destacar da observação do autor a importância da consideração, em alguma medida, da relevância dinâmica das relações de retroalimentação e causação mútua entre os fatores que compõem o sistema econômico.

É nesse sentido que a defesa por uma modificação na estrutura produtiva, na direção de atividades que permitam potencializar os efeitos propulsores necessários para romper com as desigualdades e o subdesenvolvimento, bem como a necessidade de redirecionamento e planejamento por parte do Estado, se justificam na abordagem teórica de Myrdal. Sem tais ações, não seria possível romper com a causação circular cumulativa que aprisiona as nações pobres na condição de subdesenvolvimento.

Conclusão: para romper com a causação circular cumulativa que gera subdesenvolvimento

Myrdal, ao partir de uma crítica teórico-metodológica, identifica uma das fontes para a inadequação da abordagem econômica convencional para tratar das especificidades do contexto dos países subdesenvolvidos: o método de análise baseado no equilíbrio implica que não são necessárias ações deliberadas para romper com o subdesenvolvimento, o que na verdade condena os países a tal condição, por conta dos mecanismos de causação circular cumulativa.

Ao levar em consideração a cumulatividade do processo econômico, Myrdal destaca que o comércio internacional, guiado pela especialização produtiva, pode funcionar como meio de provocação e perpetuação de desigualdades crescentes entre os países desenvolvidos e os subdesenvolvidos.

Os países subdesenvolvidos são caracterizados pela predominância de efeitos propulsores fracos, que explicam e perpetuam as próprias desigualdades internas dessas nações. Por isso a necessidade de interferências políticas deliberadas para promover o desenvolvimento econômico, a começar – mas não somente – pela transformação da estrutura produtiva.

Quanto ao plano nacional de desenvolvimento econômico, este deve ter como base um estudo da causação circular entre os fatores relevantes, econômicos e não econômicos, a fim de incrementar as chances de superação do subdesenvolvimento. Ou seja, faz-se necessário mudar o contexto para que a causação circular cumulativa passes a ser favorável à transformação requerida para gerar desenvolvimento.

CAPÍTULO 7

MICHAL KALECKI: OS PROBLEMAS CRUCIAIS DOS PAÍSES SUBDESENVOLVIDOS

Economista polonês (1899-1970)
Fonte: <https://bit.ly/2xU0UG9>. Acesso em: out. 2018.

Nesse capítulo, abordam-se alguns textos de Kalecki relacionados à reflexão da problemática do desenvolvimento no contexto das nações capitalistas subdesenvolvidas. Os textos discutidos foram publicados entre meados da década de 1950 e início da década de 1970, e apresentam conceitos e discussões importantes para compor a contribuição teórica de Kalecki sobre as particularidades do subdesenvolvimento e para defini-lo como um dos autores pioneiros do desenvolvimento econômico.

No entanto, embora o intuito principal desse capítulo seja discutir a obra de Kalecki na área de economia do desenvolvimento, vale tecer algumas considerações sobre a contribuição teórica do autor à teoria econômica em geral.

A macroeconomia de Kalecki

Kalecki, além de ser considerado pioneiro do desenvolvimento econômico, é, ao lado de Keynes, precursor de uma abordagem de teoria econômica crítica ao *mainstream*, fundadora da macroeconomia moderna e base da abordagem macroeconômica heterodoxa subsequente.

Além de também ter definido o princípio da demanda efetiva, bem como suas implicações analíticas e dinâmicas relativas ao sistema econômico, diferentemente de Keynes, adentrou a discussão de questões distributivas e buscou, explicitamente, a formação de uma teoria dinâmica de crescimento, o que o torna ainda mais interessante, em termos teóricos, à discussão do subdesenvolvimento econômico.

Kalecki reconhecia, em sua formulação teórica, a divisão da sociedade em classes, trazendo implícitas, nas suas teorias dos preços e da distribuição da renda, as relações de poder (de mercado ou de classe) típicas do sistema capitalista. E, diferentemente de Keynes, Kalecki desenvolveu sua teoria sem qualquer influência marshalliana. A sua principal influência teórico-metodológica foi Marx, do qual extraiu as categorias propriamente econômicas, tais como a diferenciação entre capitalistas e trabalhadores, os conceitos de consumo e de investimento e a sua causação específica, relacionada ao problema da reprodução.

A teoria de preços de Kalecki (1954) explicita a distribuição de poder de mercado, destacando os diferentes graus de monopólio e, por conseguinte, abandonando completamente a hipótese de concorrência perfeita e, por conseguinte, de homogeneidade entre os agentes econômicos.

No que se refere à formulação do princípio da demanda efetiva, Kalecki distingue o padrão de gastos entre as classes, adicionando, portanto, mais um nível de heterogeneidade ao seu esquema analítico. A consideração da heterogeneidade dos agentes econômicos – algo implicitamente realizado pelos demais pioneiros no nível das nações – por parte de Kalecki afasta sua abordagem da hipótese clássica de "agente representativo".

O padrão de gastos definido por Kalecki está composto por investimento, consumo dos capitalistas e consumo dos trabalhadores. Baseado no esquema de três departamentos – produtores de bens de investimento, de bens de consumo dos capitalistas e de bens de consumo dos trabalhadores – e considerando a hipótese simplificadora de que os trabalhadores gastam tudo o que ganham, o autor apresenta o resultado de que os capitalistas ganham o que gastam. No esquema kaleckiano, a distribuição funcional da renda é variável importante para compor a análise das implicações dinâmicas do princípio da demanda efetiva. Por fim, o esquema de três departamentos proposto por Kalecki permite ainda aplicações de caráter dinâmico.[108]

Sobre a dinâmica implicada pelo princípio da demanda efetiva segundo a perspectiva de Kalecki, o essencial a destacar é justamente a determinação da renda pelos gastos.[109] Os gastos determinam a renda – via processo multiplicador –, dados parâmetros estruturais como a propensão a consumir das classes e a distribuição de renda. O investimento, quando realizado, geraria simultaneamente a poupança necessária para financiá-lo. Dessa forma, a relação entre poupança e investimento, a partir do princípio da deman-

---

108. Para mais detalhes, ver, por exemplo, Possas e Baltar (1981).
109. Vale dizer que, diferentemente de Keynes, a dedução do princípio da demanda efetiva realizada por Kalecki não traz explícitos o processo de formação de expectativas e a incerteza, o que poderia ser consequência do fato de o conteúdo temporal no modelo de Kalecki possuir natureza puramente contábil e *ex post*.

da efetiva, deveria ser vista como uma identidade contábil, acrescida de uma relação de determinação causal do último para aquela. No entanto, vale observar que a elasticidade de produção e a existência de capacidade ociosa seriam requisitos essenciais para que o nível de produção real pudesse se ajustar ao nível de demanda efetiva, ainda que em termos nominais a determinação fosse imediata e verdadeira. Essa observação é importante, pois, como discutido adiante, a insuficiência de capacidade produtiva dos países subdesenvolvidos implica a necessidade de um tratamento teórico diferenciado, no qual não predominaria perfeitamente, desde sempre, o princípio da demanda efetiva.

Como uma das implicações mais marcantes do modelo kaleckiano, note-se o papel dual do investimento que, ao mesmo tempo em que gera estímulos, via investimento, à demanda agregada, cria capacidade produtiva, de modo que o segundo efeito pode se constituir em um desestímulo à consecução de novos investimentos. Assim sendo, no caráter dual do investimento residiria parte da explicação das flutuações no nível de atividade econômica. Por fim, como destacado por Possas (1987), a conclusão a que chega Kalecki ao final da discussão da sua teoria da dinâmica econômica, de que a explicação para a tendência de crescimento de longo prazo do sistema capitalista residiria nos chamados fatores de desenvolvimento,[110] dentre eles o progresso técnico, abriria um flanco para a complementaridade analítica da teoria dinâmica de Kalecki e da teoria do

---

110. Segundo Kalecki (1954, p. 128), "os fatores de desenvolvimento, tais como as inovações, não permitem que o sistema se assente numa posição estática, gerando uma tendência ascendente a longo prazo. A acumulação de capital, que resulta do fato de que o investimento a longo prazo se encontra acima do nível da depreciação, por sua vez aumenta a amplitude da influência dos "fatores de desenvolvimento", contribuindo dessa maneira para a manutenção da tendência a longo prazo."

desenvolvimento de Schumpeter, compondo, a primeira, a esfera de explicação macroeconômica[111] e, a segunda, a esfera de explicação microeconômica. Para Kalecki, as inovações possuiriam um efeito atrativo para a realização de novos investimentos.

Não obstante, conforme ressaltado pela discussão apresentada a seguir, baseada em Kalecki enquanto pioneiro do desenvolvimento, as conclusões apresentadas no parágrafo anterior seriam perfeitamente aplicáveis ao contexto das nações desenvolvidas. Sobre esse ponto, Dutt (2001) ressalta que a mudança tecnológica interpretada por Kalecki em um sentido schumpeteriano estimulava o nível de atividade econômica ao estabelecer um impulso para os planos de investimento, querendo dizer que "Nos modelos de Kalecki, o crescimento é determinado por fatores do lado da demanda, uma vez que a oferta não restringe a economia, nem mesmo no auge do ciclo".[112] De outro modo, no contexto do subdesenvolvimento, como bem destacado pelo pioneiro Kalecki, as restrições de oferta em virtude de gargalos na estrutura produtiva constituem problemas cruciais. Passemos então à discussão de Kalecki como pioneiro do desenvolvimento econômico.

Problemas cruciais dos países capitalistas subdesenvolvidos

Kalecki destaca que o desemprego e o subemprego nos países subdesenvolvidos são de natureza inteiramente distinta. Eles resultam mais da limitação de capacidade

---

111. No modelo de integração micro macro sugerido por Possas (1987), a teoria de Keynes também compõe a esfera de discussão macroeconômica.
112. Dutt, Amitava. Kalecki e os kaleckianos: a relevância atual de Kalecki. In: Pomeranz, Lenina; Miglioli, Jorge; Lima, Gilberto Tadeu (orgs.). *Dinâmica Econômica do Capitalismo Contemporâneo*: Homenagem a M. Kalecki. São Paulo: Edusp, 2001, p. 33.

produtiva do que da insuficiência de demanda efetiva.[113] O autor aponta para o gargalo na oferta de bens de primeira necessidade (alimentos), que dependem da elasticidade (ou inelasticidade) da produção agrícola nessas nações.

Tendo em vista o gargalo na oferta de bens básicos, o resultado do crescimento na taxa de emprego implicaria, caso a produção agrícola não respondesse prontamente ao incremento de demanda, uma resposta inflacionária dos preços dos bens de primeira necessidade. Desse modo, para evitar a pressão inflacionária e não agravar a questão do desemprego e do subemprego no contexto dos países subdesenvolvidos, far-se-ia necessária a expansão da produção agrícola. Singer também discute essa questão, indicando que a pressão sobre os preços dos bens de salário, especialmente dos alimentos, constituía uma das condições de causação cumulativa que dificultaria o incremento do investimento nas nações subdesenvolvidas.[114] Essa discussão a respeito do gargalo na oferta de alimentos igualmente remete a Lewis que, partindo da hipótese de oferta ilimitada de mão de obra não qualificada, definira a estrutura produtiva dual das economias subdesenvolvidas.[115]

Kalecki explica que o problema crucial das nações subdesenvolvidas é aumentar o investimento, não com o intuito de incrementar a demanda efetiva, mas sim de expandir a capacidade produtiva.[116] Haveria, no entanto, ao menos três obstáculos ao incremento do investimento:

---

113. Kalecki, Michal. Unemployment in Underdeveloped Countries. *Essays on Developing Economics*. Brighton: The Harvester Press Limited, 1976 [1960].
114. Singer, 1985.
115. Lewis 1954, 1955.
116. Kalecki, Michal. The Difference between Crucial Problems of Developed and Underdeveloped Non-Socialist Economies. *Essays on Developing Economics*. Brighton: The Harvester Press Limited, 1976 [1968].

(I) o próprio volume de investimento privado, que poderia não alcançar uma taxa desejável; (II) poderia não haver recursos disponíveis para produzir mais bens de capital; e (III) mesmo que as primeiras duas questões estivessem resolvidas, a fim de evitar uma potencial pressão inflacionária, restaria o problema de garantir uma oferta adequada de bens de primeira necessidade, especialmente em decorrência de potencial aumento do nível de emprego com o avanço do crescimento econômico.

Portanto, seria necessário planejar não somente o volume, mas também a estrutura do investimento, entre a produção dos bens de primeira necessidade, aqueles bens menos essenciais e os bens de capital, buscando, dessa forma, um relativo balanceamento entre os setores, conforme destacado especialmente pelos pioneiros relacionados à teoria do crescimento equilibrado. Para tal, assim como os demais pioneiros, o autor indica que deveria haver uma intervenção governamental relativamente profunda, por meio de planejamento e investimento. Segundo Kalecki:

> O investimento pode ser limitado não por causa das dificuldades de financiar seu crescimento sem causar inflação, mas pela falta de vontade dos empresários expandirem seus dispêndios em capital. Em tal situação, o investimento público adquire uma importância crucial para o processo de rápido desenvolvimento econômico.[117]

Quanto a assegurar uma produção adequada de bens de primeira necessidade, sem que observassem mudanças institucionais substanciais, relacionadas especialmente à posse

---

117. Kalecki, 1954b, p. 46, tradução livre.

de terra, não seria possível acelerar o desenvolvimento agrícola.[118] Essa observação é fundamental, na medida em que fundamenta a necessidade de promoção de reforma agrária para racionalizar a produção agrícola, conforme argumentado pelos pioneiros cepalino-estruturalistas, como Prebisch e Furtado. Também por conta do hiato entre o crescimento e a oferta de bens de primeira necessidade, bem como as dificuldades de saná-lo internamente, para Kalecki, o crédito externo pode ser importante, embora deva estar sujeito a critérios de avaliação[119] – assunto retomado mais à frente.

Kalecki sintetiza aquela que seria a grande diferença entre as nações desenvolvidas e as nações subdesenvolvidas, fundamentando-a na dotação de recursos disponíveis:

> Em um caso, as dotações de recursos devem ser utilizadas e o capitalismo moderno aprendeu o artifício de fazê-lo. No outro caso, as dotações de recursos devem ser criadas e isso requer reformas de longo alcance que levem a mudanças revolucionárias.[120]

Entretanto, mesmo tendo em vista as grandes dificuldades a serem enfrentadas pelos países subdesenvolvidos para conseguirem empreender essas mudanças, Kalecki pondera de maneira otimista que, apesar dos grandes obstáculos, esses não seriam problemas insuperáveis.[121] No entanto, enfatiza que, sem planejamento deliberado e reformas institucionais profundas, de modo a remover os obstáculos institucionais ao rápido crescimento, de fato, seria tarefa impossível às nações subdesenvolvidas superarem suas dificuldades.

---

118. Kalecki, 1968.
119. Kalecki, 1967.
120. Kalecki, 1968, p. 27.
121. Ibidem, p. 27.

Critérios para recorrer ao capital externo

Kalecki discorre sobre as potenciais vantagens de importar capital. A quantidade de poupança interna necessária para financiar o investimento seria reduzida na medida em que se importasse capital, o que, por sua vez, diminuiria as pressões inflacionárias internas. A importação de capital seria ainda funcional para aliviar uma possível escassez de comércio externo, mesmo porque o próprio processo de desenvolvimento estabeleceria uma tendência constrangedora do balanço de pagamentos em virtude da necessidade de importações crescentes.[122]

Nesse mesmo sentido, Kalecki destaca que os créditos externos afetam não apenas a questão da oferta dos bens de primeira necessidade e o equilíbrio do comércio externo em outras *commodities*, mas também o financiamento do investimento. Isso porque reduz a necessidade de taxação da importação dos bens menos essenciais, bem como dos grupos de mais alta renda, essa última requerida para diminuir justamente o consumo de bens menos essenciais.[123] Por outro lado, retomando observação de Nurkse[124] relativa ao efeito demonstração, se não fossem verificadas restrições à importação ou ao consumo de bens de luxo, a tendência ao direcionamento e concentração de recursos para a satisfação do consumo ou para a produção desses bens continuaria posta. Por isso, mais uma vez, a necessidade de avaliar as condições de absorção de recursos externos.

Na prática, conforme adverte Kalecki, financiar o desenvolvimento por meio da importação de capital, no geral, incorreria em problemas frequentemente insuperáveis,

---
122. Kalecki, 1954b.
123. Kalecki, 1970.
124. Nurkse, 1952, 1953.

relacionados ao balanço de pagamentos. Somar-se-ia a esse problema potencial a grande dificuldade que os países subdesenvolvidos encontram em estabelecer condições a eles mais favoráveis, ou ao menos mais seguras, relativas à importação de capital.[125] Por isso, a importância de, no contexto do subdesenvolvimento, melhorar os termos de troca, conforme apontado pela tese Singer-Prebisch.

Para avaliar a validade da ajuda externa, Kalecki e Sachs elencam inicialmente dois critérios a serem contemplados: se a ajuda externa implica uma melhora nas condições externas de crescimento da nação que recebe o auxílio; e se a avaliação da ajuda externa se baseia em um conhecimento satisfatório dos problemas relacionados ao desenvolvimento econômico da nação receptora.[126]

Entretanto, Kalecki e Sachs ressaltam que há o risco de o influxo de recursos externos ser dissipado em consumo adicional de bens de luxo. Assim, segundo os autores, há que se levar em consideração em que medida a entrada de ajuda externa melhorou não apenas a situação do balanço de pagamentos, mas se essa melhora foi funcional para remover os gargalos na oferta de bens de capital, de bens de primeira necessidade, de bens intermediários e, inclusive, de bens de luxo.

Além disso, há que se questionar se os recursos financeiros adicionais foram instrumentais para elevar a taxa de crescimento via a permissão de uma maior taxa de investimento (relativamente aos recursos internos disponíveis) e se, caso sim, se financiaram um acréscimo no consumo

---

125. Kalecki, Michal. The Problem of Financing Economic Development. *Essays on Developing Economics*. Brighton: The Harvester Press Limited, 1976 [1954b].
126. Kalecki, Michal; Sachs, Ignacy. Forms of Foreign Aid: an Economic Analysis. *Essays on Developing Economics*. Brighton: The Harvester Press Limited, 1976 [1966].

desses bens ou se foram materializados em serviços sociais de mais amplo alcance.

Assim, Kalecki e Sachs concluem que a ajuda externa pode ser considerada como utilizada adequadamente se incrementar, tudo o mais constante, os investimentos outros que não na produção de bens de luxo, e se aumentar, tudo o mais constante, o consumo de bens de primeira necessidade e/ou a produção de serviços sociais. Desse modo:

> O papel da ajuda externa somente pode ser avaliado no contexto de uma análise abrangente dos problemas do desenvolvimento do país receptor, visto como um todo. Essa análise requer a concepção de um plano e, por conseguinte, um planejamento abrangente deveria ser considerado como um pré-requisito de qualquer ação que se destinasse a uma utilização racional da ajuda externa disponível.[127]

Assim, em poucas palavras, a ajuda externa é relevante e desejável desde que contribua para resolver os hiatos entre a demanda e a oferta no processo de desenvolvimento da nação receptora dos recursos. Por isso, Kalecki e Sachs indicam a necessidade da elaboração de um planejamento e avaliação prévios ao recebimento e captação de recursos externos.

Conclusão: para enfrentar os problemas cruciais do subdesenvolvimento

Kalecki, assim como Keynes, define o princípio da demanda efetiva, o qual explica a dinâmica de funcionamento de economias capitalistas, colocando em foco a demanda

---
127. Kalecki e Sachs, 1966, p. 69, tradução livre.

agregada como motor dessas economias. Todavia, no contexto de economias igualmente capitalistas, mas subdesenvolvidas, Kalecki destaca outro problema crucial: a insuficiência de capacidade produtiva que, embora não invalide o princípio da demanda efetiva, implica que os problemas do subdesenvolvimento demandam mais ações específicas.

Assim, Kalecki aponta para a necessidade do enfrentamento de gargalos da estrutura produtiva, especialmente no setor produtor de alimentos, por conta do potencial inflacionário de qualquer trajetória de crescimento. Além disso, destaca, no mesmo sentido, a importância do incremento do investimento, o que pode requerer a necessidade de intervenção e planejamento estatal.

Por fim, aproximando-se da implicação normativa dos estruturalistas latino-americanos, aponta para a necessidade (apesar da dificuldade política para implementá-las) de promoção de reformas institucionais, especialmente reforma agrária – a qual impactaria diretamente sobre a resolução dos gargalos na estrutura produtiva de bens básicos como alimentos –, ou ainda maior taxação sobre grandes fortunas. São essas reformas que, por sua vez, visam alterar a distribuição de renda e riqueza. Na ausência de tais mudanças, as dificuldades de promoção e sustentação de trajetórias de desenvolvimento se mostram ainda mais intransponíveis.

CAPÍTULO 8

RAÚL PREBISCH: A DINÂMICA CENTRO-PERIFERIA

Economista argentino (1901-1986)
Fonte: <https://bit.ly/2Cphz9i>. Acesso em: out. 2018.

Esse capítulo, além de se basear no artigo seminal de Prebisch publicado em 1949, mais amplamente conhecido como *Manifesto Latino-Americano*, recorre a textos selecionados de documentos da Cepal,[128] escritos pelo autor nas décadas de 1950 e 1960. Destacam-se, inclusive, comentários do autor sobre a sua própria obra proferidos já na década de 1980.

Prebisch será alcunhado de "Keynes latino-americano" e de "pai do desenvolvimento". Tais alcunhas dimensionam a importância do economista argentino para o pensamento econômico latino-americano e mundial. Conforme afirma Dosman, "Foi um dos poucos latino-americanos alçados ao título de personalidade mundial por sua energia e seu espírito de liderança".[129]

---
128. Compilados por Bielschowsky (2000).
129. Dosman, Edgar Jr. *Raúl Prebisch (1901-1986)*: a construção da América

Antes de passar efetivamente à obra de Prebisch, vale ressaltar o marco representado pela criação da Cepal em 1948. De certo modo, a história da Cepal e de Prebisch se confundem, na medida em que Prebisch comandará a Cepal por quase um quarto de século. A elaboração de um arcabouço teórico próprio desde a perspectiva de pensadores de origem e vivência latino-americana para a compreensão e proposição de soluções dos problemas latino-americanos alçará a Cepal à fonte e referência teórica indispensável para o entendimento da América Latina.

Sobre o que deveria ser uma investigação sistemática dos problemas da América Latina, vale citar as palavras de Prebisch no documento que marca a criação da Cepal, o *Manifesto Latino-Americano*:

> Dificilmente se poderia pretender, na verdade, que os economistas dos grandes países, empenhados em gravíssimos problemas próprios, viessem a dedicar sua atenção preferencialmente ao estudo dos nossos. Compete primordialmente aos próprios economistas latino-americanos o conhecimento da realidade econômica da América Latina. Somente se vermos a explicá-la racionalmente e com a objetividade científica é que será possível obtermos fórmulas eficazes de ação prática.[130]

Latina e do terceiro mundo. Tradução Teresa Dias Carneiro e César Benjamin. Rio de Janeiro: Contraponto; Centro Internacional Celso Furtado, 2011, p. 26.
130. Prebisch, Raúl. O desenvolvimento econômico latino-americano e alguns de seus principais problemas. In: Bielschowsky, Ricardo (org.). *Cinquenta anos de pensamento da Cepal*. v. 1. Rio de Janeiro: Record, 2000 [1949], p. 80.

A tendência à deterioração dos termos de troca dos bens primários vis-à-vis os bens manufaturados[131]

A principal crítica teórica de Prebisch se dirige à teoria das vantagens comparativas ricardiana, baseada na premissa de que os frutos do progresso técnico tenderiam a ser distribuídos equitativamente entre as nações participantes do comércio internacional desde que se especializassem em fornecer os bens em que tivessem vantagem comparativa. Seguindo esse raciocínio, as nações especializadas na produção de bens primários, além de não precisarem, não deveriam se industrializar, para se beneficiar dos frutos do progresso tecnológico originado nas nações industrializadas.

Prebisch desenvolve seu raciocínio a partir do bastante conhecido conceito de centro-periferia, definidor do pensamento cepalino-estruturalista. A definição de centro-periferia se realiza desde a perspectiva de onde se origina o progresso tecnológico: os países centrais, enquanto detentores de conhecimento, poder e capital, geram o progresso tecnológico que será absorvido pela periferia na forma de importação – de bens de consumo final ou máquinas para a criação de capacidade produtiva. Assim, se valesse a teoria das vantagens comparativas, ser periferia não seria um problema, pois o acesso às benesses do progresso técnico estaria garantido desde que se respeitasse a clássica divisão internacional do trabalho – centro como fornecedor de bens industriais e periferia fornecedora de bens primários. De outro modo, Prebisch demonstrará que tal insistência no modelo primário-exportador[132] faria da periferia prisioneira do subdesenvolvimento.

---

131. Conhecida também como tese Singer-Prebisch.
132. Para mais detalhes, ver também Tavares (1963).

Com base em dados de 1876 a 1947,[133] Prebisch afirma que, ao contrário do que seria esperado se os preços de fato refletissem os incrementos de produtividade implicados pelo progresso tecnológico gerado no centro, os termos de troca na verdade se moveram adversamente à periferia, deteriorando-se.

Prebisch explica que a tendência à deterioração dos termos de troca se constituíra por conta da diferença na elasticidade-renda das importações do centro e da periferia. A primeira seria inelástica, ou seja, diante de mudanças no nível de renda, pouco se impactaria a demanda por bens primários, mesmo porque se tratam de bens básicos e, portanto, com grau de saciedade bem estabelecido. Assim, se aumentasse a renda no centro, essa não seria direcionada para comprar mais alimentos, por exemplo. Já a segunda, a elasticidade-renda das importações da periferia tende a ser elástica. Ou seja, se aumentar a renda na periferia, é muito provável que aumente a demanda por bens manufaturados e diferenciados.

Assim sendo, conforme dados analisados por Prebisch, quando ocorreram incrementos de renda mundial, as importações dos países centrais cresceram relativamente menos do que as importações dos países da periferia. E, mais do que isso, no período referido,

> enquanto os centros preservaram integralmente o fruto do progresso técnico de sua indústria, os países periféricos transferiram para eles uma parte do fruto do seu próprio progresso técnico.[134]

---

133. Dados do Relatório do Conselho Econômico e Social das Nações Unidas, de 1949, intitulado *Postwar Price Relations in Trade Between Underdeveloped and Industrialized Countries*, conforme indica Prebisch (1949, p. 80, n. 2).
134. Ibidem, p. 83.

Essa transferência ocorre, pois, com impactos positivos de produtividade na produção agrícola da periferia, e tendo em vista que são bens primários – ou seja, sem valor agregado –, esses bens são barateados no mercado internacional, favorecendo especialmente seus consumidores.

Seriam observáveis, inclusive, no período de expansão, ganhos de produtividade do trabalho nos países do centro que permitiriam tanto o crescimento dos lucros quanto dos salários – o que seria explicável, em certa medida, pela própria organização da classe trabalhadora naqueles países, com organização sindical e alto poder de barganha. No período de contração dos países centrais, caíam os lucros e os salários, mas num ritmo mais lento do que a queda da atividade econômica, por conta da estrutura de mercado oligopolista (os preços não tenderiam a cair tanto) e dos sindicatos organizados (os salários não tenderiam a sofrer grandes quedas).

Já nos países da periferia, nos períodos de expansão, aumentariam os lucros, porém os salários permaneceriam os mesmos, ou cresceriam menos do que proporcionalmente aos lucros, implicando pioras na distribuição de renda. No contexto periférico, os sindicatos não possuiriam força suficiente e/ou haveria grande exército industrial de reserva; nos dois casos, implicando diminuição do poder de barganha dos trabalhadores. Na fase de contração, os lucros cairiam (embora menos do que as exportações) e os salários não se sustentariam (por conta da oferta ilimitada de mão de obra) para compensar a queda na receita do setor primário. Sobre essa questão, diz Prebisch:

> Quando, na fase descendente, o lucro tem que se contrair, a parte que se transformou nos citados aumentos perde sua liquidez no centro, em virtude

da conhecida resistência à queda dos salários. A pressão desloca-se então para a periferia, com força maior do que a naturalmente exercível [...]. Assim, quanto menos a renda pode contrair-se no centro, mais ela tem que fazê-lo na periferia.[135]

O importante a notar desse trecho é justamente a sugerida relação orgânica entre o centro e a periferia, como se esta fosse extensão daquele, tal como implica a conhecida denominação pejorativa de quintal. Lembrando a terminologia termodinâmica, essa citação evidenciaria a desordem (ou a entropia) que decorreria do centro e seria transferida para a periferia. As nações do centro seriam as geradoras de ciclos e as nações da periferia sofreriam a influência desordenadora deles. Se as nações periféricas não estiverem internamente bem preparadas para lidar com essa desordem, o resultado acabaria sendo o seu aprisionamento no subdesenvolvimento.

Vale ressaltar também que, para conter essa suposta desordem proveniente do centro, não adiantaria conter o fluxo de comércio internacional, pois esse permanece sendo fundamental para a periferia. Prebisch explica que os países do centro possuem uma tecnologia homogênea e uma estrutura produtiva completa, que lhes permite, ao menos potencialmente, a produção de qualquer coisa. Assim, para essas nações, o comércio internacional permitiria acessar os bens que não foram escolhidos para serem produzidos internamente. Já os países da periferia possuem uma tecnologia heterogênea e sua estrutura produtiva se concentra na produção de bens primários, principalmente para exportação. Por isso também, para a periferia, o comércio

---

135. Prebisch, 1948, p. 87.

internacional desempenharia um papel crucial, porque só por meio dele essas nações poderiam ter acesso aos bens que (ainda) não seriam capazes de produzir internamente. O que, no caso da industrialização substitutiva de importações, adquire uma importância estratégica ainda maior.[136]

O caminho (inevitável) da industrialização

A respeito da importância da industrialização para o estabelecimento de um novo padrão de desenvolvimento, diz Prebisch:

> Minha política de desenvolvimento proposta estava orientada no sentido do estabelecimento de um novo padrão de desenvolvimento que permitiria a superação das limitações do padrão anterior. Essa nova forma de desenvolvimento teria a industrialização como seu principal objetivo.[137]

Ao contrário do que sugeriria uma interpretação superficial de Prebisch, em nenhum momento o autor sugeriu que os países da periferia deveriam fechar suas economias. A sua recomendação de política aponta para a necessidade de transformar a estrutura produtiva tornando-a mais moderna via industrialização, permitindo extrair as vantagens das interações internacionais e possibilitando escapar da armadilha da tendência à deterioração dos termos de troca. Conforme ressalta o próprio autor:

---

136. Ver Tavares (1963).
137. Prebisch, Raúl. Five Stages in my Thinking on Development. In: Meier, Gerald; Seers, Dudley (eds.). *Pioneers in Development*. Washington: Oxford University Press, 1984, p. 177.

De maneira geral, minha crítica ao protecionismo no centro e minha defesa do protecionismo na periferia têm sido mal interpretados. Eu encarava o último tipo de proteção como necessário durante um bastante longo período de transição, no qual essas disparidades na elasticidade da demanda deveriam ser corrigidas. O protecionismo no centro agrava essas disparidades, enquanto que, na periferia, ele tende a corrigi-las, desde que não excedam certos limites. Quanto maior a disparidade, maior a necessidade de substituição de importação.[138]

A priorização da industrialização e a adoção de algumas políticas protecionistas, como a substituição de importações, não significava que as economias periféricas deveriam interromper a exportação de produtos primários e nem que a transformação dessas economias deveria levar necessariamente ao fechamento da economia ou ao seu protecionismo indiscriminado.

Prebisch (1949) destaca que o desenvolvimento eficaz do setor primário é importante para o processo de industrialização da periferia, na medida em que a exportação de produtos primários é a fonte de divisas para a importação de máquinas e equipamentos necessários à modernização da estrutura produtiva. Diz o autor:

> A solução não está em crescer à custa do comércio exterior, mas em saber extrair, de um comércio exterior cada vez maior, os elementos propulsores do desenvolvimento econômico.[139]

---

138. Prebisch, 1984, p. 181.
139. Prebisch, 1949, p. 73.

Nesse mesmo sentido, o autor argumenta que o desequilíbrio de renda entre o centro e a periferia poderia ser diminuído se, por meio do progresso técnico, fosse aumentada a eficácia produtiva, e se, por meio da industrialização e de uma legislação social adequada, fosse elevado o nível real de salários.

Prebisch aponta ainda para a importância dos investimentos estrangeiros no processo de desenvolvimento econômico de algumas nações latino-americanas, mesmo porque, em boa parte delas, não haveria recursos internos suficientes para dar início e sustentação àquele processo. Ressalte-se, no entanto, a sua qualificação de "ajuda transitória", o que seria indicativo da necessidade de avaliação e planejamento prévios. Nas palavras do pioneiro:

> Com efeito, a produtividade desses países é muito baixa, porque falta capital; e falta capital por ser muito estreita a margem de poupança, em virtude dessa baixa produtividade. Para romper esse círculo vicioso, sem deprimir exageradamente o atual consumo das massas, em geral muito baixo, é necessária a ajuda transitória do capital estrangeiro.[140]

Igualmente, há que se admitir a possibilidade da necessidade de reduzir o coeficiente de importações, eliminando os bens menos essenciais do ponto de vista da industrialização. Importante lembrar que – e ressaltando o caráter cíclico a que estaria sujeita a periferia de forma passiva – a redução do coeficiente de importações seria uma

> [...] mera adaptação das importações à capacidade de pagamento conferida pelas exportações. Se estas

---
140. Prebisch, 1949, p. 109.

crescessem suficientemente, não seria necessário pensar em restrições.[141]

Contudo, isso não implicaria que o desenvolvimento industrial em si tornaria a periferia menos vulnerável às flutuações de suas exportações, pois seria preciso que as exportações atingissem uma proporção relativamente pequena da renda nacional, o que, na verdade, significaria que "[...] o país já teria deixado de ser periférico, convertendo-se num centro cíclico [...]".[142] Dessa observação o autor deriva a importância das políticas anticíclicas como complementares às políticas de desenvolvimento, atenuando o desemprego de fatores de produção quando fossem verificadas flutuações nas exportações.

À semelhança de outros pioneiros, Prebisch aponta que a produtividade poderia ter impacto positivo simplesmente pelo emprego de mão de obra na indústria de pessoas antes alocadas em setores de baixa produtividade, permitindo, desse modo, um aumento da disponibilidade de recursos internos e uma diminuição da necessidade de recursos externos. No entanto, adverte o autor que essa tentativa só poderia ser bem-sucedida se acompanhada de um esforço de capitalização que não seria compatível nem com o perfil de consumo de alguns estratos sociais, nem com certas formas de despesas fiscais, pois ambas não contribuiriam, em nenhuma medida, com os incrementos de produtividade. Isso, segundo o autor, seria uma manifestação do propósito das nações subdesenvolvidas, por meio de sua elite, de assimilar, de maneira abrupta, certos padrões de consumo que os países mais avançados

---

141. Ibidem, p. 119.
142. Prebisch, 1949, p. 124.

foram formando progressivamente, em decorrência de seu aumento de produtividade. Prebisch (1952) explicita duas proposições teóricas: a de que a industrialização seria a forma de crescimento imposta pelo progresso técnico aos países latino-americanos periféricos, e a de que esse crescimento traria implícita uma tendência ao desequilíbrio externo. A própria tendência ao desequilíbrio externo decorreria, em alguma medida, das transformações geradas pelo progresso técnico, seja do lado da oferta – relacionadas a formas mais eficientes de produção e, destacadamente, à redução da importância relativa dos produtos primários no valor dos produtos finais[143] –, seja do lado da demanda – relacionadas a novos padrões de consumo, também tendentes a diminuir a importância relativa dos produtos primários, direcionando-se aos bens mais elaborados. Para o autor, estaria justamente na eliminação desse desequilíbrio externo o caminho para se alcançar um crescimento ordenado da economia, pois

> a combinação de todos esses fatos [...] tem uma consequência de importância primordial para a periferia [...] a elasticidade-renda da demanda de importações primárias dos centros tende a ser menor do que um.[144]

---

143. Prebisch (1952) explicita três motivos para a diminuição da importância relativa dos produtos primários no valor dos produtos finais: as transformações técnicas passaram a exigir igualmente matérias-primas mais elaboradas e refinadas; os avanços técnicos possibilitaram uma utilização mais eficiente das matérias-primas; e passaram a ser produzidos substitutos sintéticos dos produtos naturais.

144. Prebisch, Raúl. Problemas teóricos e práticos do crescimento econômico. In: Bielschowsky, Ricardo (org.). *Cinquenta anos de pensamento da Cepal*. Rio de Janeiro: Record, 2000 [1952], p. 183.

Assim, dado o progresso técnico, a tendência à deterioração dos termos de troca dos bens primários relativamente aos bens mais elaborados seria inevitável e irreversível. Além disso, há que se destacar que o aumento da produtividade nas nações do centro lhes possibilitaria produzir os produtos primários de maneira mais eficiente do que as nações periféricas, podendo tornar-se concorrentes no mercado internacional desses produtos. Em outros casos, poderiam inclusive recorrer a políticas protecionistas de sua produção interna de produtos primários, dificultando ainda mais o influxo de produtos primários originários da periferia nos mercados do centro.

Apesar de todas essas dificuldades, Prebisch argumenta que as nações periféricas, por conta do próprio estágio de desenvolvimento em que se encontravam, possuiriam condições de crescer mais do que as nações centrais. Para esse feito, era crucial implicar e aproveitar a dinâmica desencadeada pela industrialização da periferia; assim, seria possível crescer a um ritmo mais elevado do que o do crescimento das exportações de produtos primários, sujeitas aos diversos problemas tendenciais discutidos anteriormente. A industrialização, além de contribuir para absorver a mão de obra de outros setores menos dinâmicos, possibilitaria aos países periféricos a produção de itens antes importados e de outros de difícil importação, por conta da capacidade limitada de importar da periferia.

Processo substitutivo de importações (PSI) e planejamento estratégico

Em virtude dos efeitos possíveis sobre a demanda decorrentes do próprio processo de crescimento, para que esse processo de industrialização pudesse ser bem-sucedido, seria necessária uma adequada administração da pauta de importações. Não à toa, a política cambial tornar-se-á instrumento indispensável da política industrial sob o PSI. Um exemplo desses efeitos sobre a demanda seria o de que o aumento da renda per capita, geralmente concentrada em uma pequena proporção da população periférica, alteraria o perfil da demanda em prol dos chamados bens de luxo, pressionando por sua importação. Porém, do ponto de vista da industrialização e seus efeitos esperados sobre o crescimento e desenvolvimento, os bens de luxo seriam justamente os menos essenciais. Diz o autor:

> [...] a necessidade de modificar a composição das importações resulta de fatores essencialmente dinâmicos, inerentes ao processo de crescimento. Quando não há substituição e mudança, não pode haver crescimento.[145]

Tendo como objetivo o aumento da renda real, colocam-se dois problemas relacionados ao emprego dos recursos disponibilizados pelo processo de crescimento. O primeiro deles se refere a quanto deslocar para a atividade exportadora, de modo que forneça mais divisas para as importações essenciais ao processo de industrialização, e a quanto direcionar para a produção interna. O segundo problema diz respeito a quanto e ao que importar, ou produzir internamente.

De acordo com Prebisch – considerando que a elasticidade-renda da demanda por produtos primários dos países centrais é menor do que um e que não existe mobilidade perfeita de fatores produtivos entre as nações[146] –, do ponto de vista da dinâmica do desenvolvimento, pode

---
145. Prebisch, 1952, p. 183.
146. "Se a mobilidade fosse perfeita, essa proposição seria inaceitável [...] Mas a realidade difere desse modelo teórico" (Prebisch, 1952, p. 188).

ser interessante insistir na produção interna de bens mesmo que relativamente mais caros do que os seus similares importados. Para isso, deveria haver deslocamento de mão de obra excedente para a produção interna de tais bens.

Dessa observação, Prebisch deriva a importância da elaboração de uma teoria do desenvolvimento econômico condizente com o contexto da periferia. Nas nações periféricas, as inovações tecnológicas não percorrem a mesma trajetória que percorreram nas nações centrais. Essa questão se mostra crucial, pois a tecnologia que se propaga para a periferia não está adaptada à sua dotação de recursos, implicando alguns problemas específicos ao seu sistema socioeconômico. Por outro lado, dada a irreversibilidade do progresso tecnológico, não estaria colocada alternativa às nações subdesenvolvidas senão absorver esse progresso. Nas palavras do autor:

> [...] dada a relativa escassez de capital e a relativa abundância de potencial humano que prevalece nesse tipo de países, concebe-se uma densidade ótima de capital que é inferior à dos países mais desenvolvidos. Contudo, dada a natureza do progresso técnico e seu caráter irreversível, os países menos desenvolvidos não têm muitas possibilidades de buscar, na prática, a densidade ótima que lhes seria correspondente.[147]

Os problemas que decorriam da propagação de tecnologia do centro para a periferia se traduziam na insuficiência de capital para absorver a mão de obra que se deslocava dos setores menos capitalizados ou aquela economizada pelo próprio incremento de capital. Segundo Prebisch,

---

147. Prebisch, 1952, p. 200.

esses problemas persistiriam enquanto houvesse diferenças internas significativas nas densidades de capital e na produtividade dos setores componentes do sistema econômico das nações periféricas; em outras palavras, enquanto se observasse a heterogeneidade estrutural.

Por isso, para Prebisch, "[...] a política de investimentos deve procurar estabelecer uma clara distinção entre a conveniência dos empresários e os interesses gerais da economia"[148]; isso porque a tendência dos investimentos privados poderia ser a de continuar a economizar mão de obra, direcionando mais recursos para o fator capital, implicando uma intensificação do desequilíbrio, seja no nível da densidade de fatores produtivos por setor, seja na própria alocação dos fatores disponíveis no sistema econômico. Portanto, coloca-se a crucialidade do estabelecimento de um plano de desenvolvimento estrategicamente estabelecido e conduzido pelo Estado.

Prebisch (1964) observa que, se deixadas exclusivamente às forças do mercado, as alterações na relação de preços dos produtos primários e industrializados resultariam numa distribuição de renda desigual, tanto no plano interno[149] quanto no plano internacional. Para quebrar essa tendência, far-se-iam necessárias, por exemplo, políticas de defesa de preços agrícolas no plano interno, e medidas de defesa no plano internacional. No que se refere às indústrias, o autor destaca que, para que atingissem a efi-

---

148. Prebisch, 1952, p. 207.
149. Prebisch (1984) ressalta que até o fim dos anos 1950, ele não havia prestado suficiente atenção ao fato de que o crescimento não havia beneficiado as camadas mais pobres da população. Nas palavras do próprio autor, "Talvez essa minha atitude seja algo remanescente de meu passado neoclássico, que assumia que o crescimento, por si só, afinal corrigiria as grandes disparidades de renda por meio do jogo das forças de mercado" (1984, p. 181). A discussão da questão distributiva da renda será retomada adiante.

ciência e rompessem o círculo vicioso da produção baixa e dos custos elevados, necessitariam dispor de mercados em expansão. Para essa questão, são apontadas duas soluções protecionistas, além da proteção do próprio mercado interno, que pressuporiam cooperação entre as nações: as nações periféricas deveriam dar preferência às importações precedentes de outras nações na mesma condição; e os países centrais deveriam dar preferência às importações originárias das nações periféricas.[150]

Fundamentos do estruturalismo cepalino

Conforme já argumentado nos capítulos desse livro, o planejamento estatal aparece como condição indispensável para a execução de estratégias de desenvolvimento. Prebisch ressalta que a natureza dos problemas das nações periféricas, resultantes de uma trajetória socioeconômica secular particular, requer obrigatoriamente medidas adequadas ao seu contexto. Conforme destaca o pioneiro cepalino, "A tarefa de corrigir um atraso econômico secular não pode ser comparada ao problema da recuperação econômica europeia, nem mesmo depois de uma guerra destrutiva".[151]

Os problemas particulares enfrentados pela América Latina, segundo Prebisch (1963) enfatiza, não se tratam de fenômenos circunstanciais ou transitórios, pois são reflexo e resultado de sua própria estrutura. As políticas até então adotadas, por sua vez, não teriam levado em consideração

---

150. Segundo Prebisch, "Não seria de surpreender que, a princípio, os países industrializados hesitassem em aceitar um sistema passível de promover a concorrência dos países em desenvolvimento com algumas de suas próprias indústrias. Mas é indubitável que, com o tempo, eles perceberiam as vantagens desse sistema, pois ele constituiria um meio de aumentar as vendas feitas aos países em desenvolvimento" (1964, p. 399).
151. Prebisch, 1964, p. 422.

esse aspecto estrutural e, por isso, não teriam resolvido os problemas em sua raiz. A desigual distribuição de renda – que se reflete em um baixo padrão de vida da maioria da população –, característica de boa parte das nações latino-americanas, seria a questão sobre qual seria preciso concentrar primordialmente os esforços dos planos e programas de desenvolvimento. De acordo com o autor,

> a ideia, ainda não extinta, de que este funciona espontaneamente, sem um esforço racional e deliberado para ser conseguido, provou ser uma ilusão, tanto na América Latina quanto no resto da periferia mundial.[152]

No entanto, há que se observar que, comparativamente às outras regiões periféricas, a renda média da população latino-americana era, naquele contexto, consideravelmente maior. Isso colocava as nações latino-americanas em um ponto de partida relativamente mais vantajoso para o alcance do desenvolvimento, o qual deveria se refletir na eliminação da pobreza da maioria de seus cidadãos. Não obstante, sem uma mudança profunda na estrutura social,[153] as transformações na forma de produção e na estrutura econômica requeridas para que se obtivesse uma absorção adequada do progresso técnico do centro não poderiam ser satisfatoriamente realizadas. Resultaria, assim, na persistência dos desequilíbrios dificultadores da sustentação do processo de desenvolvimento da periferia, podendo levar, inclusive, ao seu próprio esgotamento.

---

152. Prebisch, 1963, p. 453.
153. A estrutura social latino-americana se caracterizava por: baixa mobilidade social, dificultando inclusive o surgimento de agentes inovadores; e privilégios na distribuição de riqueza e da renda, o que não se traduzia em um ritmo satisfatório de acumulação de capital (Prebisch, 1963, p. 454).

A fim de justificar a necessidade de intervenção política em prol da distribuição da renda, Prebisch compara a trajetória percorrida pelas nações centrais e destaca as suas diferenças com relação ao contexto do subdesenvolvimento. O pioneiro argentino explica que, no caso das nações desenvolvidas, primeiro se realizou a acumulação de capital e, posteriormente, se promoveu, de maneira gradativa, a distribuição de renda. Já no caso das nações atrasadas, não haveria outra maneira de resolver a questão da desigualdade senão por meio do enfrentamento direto de uma das contradições mais marcantes do subdesenvolvimento latino-americano: a acumulação insuficiente de capital, por um lado, e o padrão de consumo emulador das elites, por outro.

Segundo Prebisch,

> a prova da robustez dinâmica de um sistema está em sua capacidade de imprimir velocidade ao ritmo de desenvolvimento e de melhorar progressivamente a distribuição de renda.[154]

Para tal, seriam imprescindíveis as transformações estruturais e mudanças institucionais, a começar pela contenção do consumo dos grupos de mais alta renda. De acordo com o autor, a combinação de uma política de restrição ao consumo de luxo, com o aporte de recursos internacionais, permitiria incrementar a acumulação de capital e promover uma política redistributiva capaz de dirimir a desigualdade.

Pela perspectiva prebischiana, os recursos internacionais (capital, investimento e empréstimos) seriam funcionais até que as transformações estruturais permitissem o

---

154. Prebisch, Raúl. Por uma dinâmica do desenvolvimento latino-americano. In: Bielschowsky, Ricardo (org.). *Cinqüenta anos de pensamento da Cepal*. Rio de Janeiro: Record, 2000 [1963], p. 455.

enfrentamento dos estrangulamentos externos e internos e, por conseguinte, possibilitassem uma utilização mais eficaz dos recursos disponíveis para investimento. Por outro lado, a tendência latente ao desequilíbrio mostrar-se-ia ainda mais forte conforme se avançasse no processo de desenvolvimento econômico,[155] especialmente porque a estrutura de comércio internacional não se modificaria imediatamente. Ou seja, as nações periféricas, mesmo em processo de desenvolvimento, continuariam a exportar bens primários e a importar manufaturados, estando ainda sujeitas aos efeitos dinâmicos perniciosos da tendência à deterioração dos termos de troca dos bens primários, mantendo reduzida, dessa maneira, a sua capacidade interna de acumulação de capital. Essa tendência refletiria a "[...] debilidade congênita dos países periféricos para reter integralmente o fruto do seu progresso técnico".[156] Assim, deduz-se novamente a necessidade de promover deliberadamente o direcionamento de mudanças estruturais profundas. Algumas dessas reformas são diretamente relativas à reconfiguração das pautas de importação e também de exportação da periferia – portanto, da complexificação da matriz produtiva. A requalificação do padrão de inserção externa acaba tornando o país mais apto a enfrentar as restrições externas que lhe implicavam dificuldades de aproveitamento dos esperados efeitos positivos ao desenvolvimento do progresso técnico.

Quanto aos fatores internos de estrangulamento, Prebisch concede destaque à produção agrícola, no que concerne ao regime de posse da terra, à dificuldade de assimilação de técnicas mais avançadas de produção – bem

---

155. Trata-se de consequência da própria dinâmica do Processo Substitutivo de Importações. Tavares, 1963.
156. Prebisch, 1963, p. 459.

como à ação deficiente do Estado em adaptá-la e difundi-la – e à precariedade dos investimentos direcionados a esse setor. Para o autor, se esses pontos de estrangulamento fossem superados, o setor primário estaria habilitado a uma melhor retenção do fruto do seu progresso técnico, tanto no que se refere à esfera internacional, incrementando a pauta exportadora, quanto à interna, satisfazendo o mercado interno de forma mais eficiente. Como consequência, a disparidade de renda entre o campo e a cidade poderia ser atenuada, funcionando, desse modo, como um meio de redistribuir melhor a renda, nos diversos níveis.

Prebisch ressalta que a industrialização, por si só, não corrigiria a disparidade de distribuição de renda rural e urbana. Pelo contrário, tenderia na verdade a acentuá-la. Além dos fatores estruturais do campo acima destacados, a explicação para a acentuação desse potencial estaria na própria insuficiência dinâmica do desenvolvimento interno em estimular suficientemente a elevação da renda agrícola. Além disso, por conta do próprio viés de protecionismo em prol da industrialização, a maior parte do ônus também acabava recaindo sobre os produtores agrícolas. A respeito da disparidade de renda entre o campo e a cidade, e a insuficiência de autopropulsão, diz enfaticamente o autor:

> Assim, o campo carreia indigência, frustração e ressentimento para as cidades, onde já são muito conspícuas as manifestações da concentração da renda. É uma clara prova da explosiva polarização social do desenvolvimento, por sua insuficiência dinâmica e sua distribuição perversa.[157]

---

157. Prebisch, 1963, p. 464.

Os motivos principais para a insuficiência dinâmica do sistema econômico periférico seriam o desequilíbrio entre a produtividade resultante e os investimentos efetivamente realizados. Como consequência dinâmica desse desequilíbrio, nota-se uma incapacidade do sistema econômico periférico absorver o fator mão de obra – justamente a sua dotação mais abundante. A mão de obra disponível era tanto a que deslocava de atividades menos capitalizadas, quanto a que acabava sendo economizada pela própria capitalização. Parte da explicação desse desequilíbrio estaria na própria natureza da tecnologia que as nações periféricas estavam assimilando, porquanto não estavam adaptadas às suas dotações de recursos. Outra boa parte da explicação estaria relacionada à questão do planejamento – e consequente implicação de atuação estatal – cuja resolução não poderia ser deixada à lógica individual empresarial. Conforme alerta Prebisch:

> A acumulação de capital não basta para absorver [...] a mão de obra que provém das atividades expulsivas de menor produtividade ou renda por trabalhador. Os empresários adotam em seus investimentos as técnicas que se mostram mais convenientes para eles.[158]

Outro problema decorrente da disparidade da distribuição de renda evidenciado por Prebisch relaciona-se ao consumo das classes de mais alta renda. Tal consumo tendia a se dirigir aos bens mais elaborados ou intensivos em capital e tecnologia. Esses bens, se produzidos internamente, implicavam concentração de capital nas zonas urbanas (onde se encontrava o mercado consumidor) e em atividades menos intensivas em fator trabalho (como se caracteriza a produ-

---

158. Prebisch, 1963, p. 469.

ção de bens com maior complexidade associada). Portanto, o resultado implicava a concentração dos efeitos multiplicadores da renda, diminuindo seu potencial dinâmico. O resultado era uma grande concentração, em diversos níveis, de recursos já escassos. Se bem distribuídos, os recursos disponíveis para investimento possivelmente já seriam insuficientes para impulsionar uma trajetória sustentada de desenvolvimento. Sendo eles mal distribuídos, as dificuldades que se colocavam para a superação do subdesenvolvimento tornar-se-iam potencialmente intransponíveis.

Conclusão: mudanças estruturais e redefinição do padrão de inserção externa periférico

Raúl Prebisch, o "Keynes latino-americano", imprimiu sua marca no pensamento econômico latino-americano e mundial. Especialmente no que se refere à América Latina, o embasamento teórico impulsionado pela criação da Cepal permitiu a gerações de pensadores latino-americanos refletirem sobre seus problemas a partir de modelo teórico específico. Esse modelo teórico será representado pelo estruturalismo-cepalino. Alguns fundamentos foram discutidos nesse capítulo. Destaque-se especialmente o que diferenciará a perspectiva estruturalista dentro da abordagem desenvolvimentista: a crucialidade da transformação social por meio de mudanças institucionais profundas para gerar desenvolvimento.

Tanto no que se refere ao planejamento de investimentos, quanto à política redistributiva, infere-se de Prebisch que o Estado desempenha papel crucial como elaborador e executor do plano de desenvolvimento. Para que fossem alcançados resultados satisfatórios relativos a melhoras no padrão de vida do conjunto da população, far-se-ia necessário que, além da transformação da estrutura da matriz produtiva, ocorresse uma profunda transformação social. Sem isso, os benefícios da transformação produtiva seriam concentrados apenas por elites econômicas, perpetuando e até acentuando as desigualdades e disparidades preexistentes e, por conseguinte, mantendo a condição de subdesenvolvimento.

Dessa implicação de Prebisch sobre a importância da transformação social como condição necessária para incrementar as possibilidades de alcance de resultados positivos em termos de desenvolvimento, note-se, igualmente, que a explicação do autor recorre a diversas causalidades, em variadas direções. As direções se referem ao modelo de crescimento (ou seja, a forma como se define a priorização de setores e/ou onde concentrar os recursos de investimento), a forma de absorção do progresso tecnológico proveniente do centro e as desigualdades e disparidades iniciais e resultantes na periferia.

CAPÍTULO 9

CELSO FURTADO: A ARMADILHA DO SUBDESENVOLVIMENTO

Economista brasileiro (1920-2004)
Fonte: <https://bit.ly/2RmsmUS>. Acesso em: out. 2018.

Esse capítulo recorre a textos selecionados escritos pelo autor entre as décadas de 1950 e 1970. O foco principal está sobre os textos teóricos sobre desenvolvimento, tais como o artigo de 1954, *Formação de Capital e Desenvolvimento Econômico*, o livro de 1961, *Desenvolvimento e Subdesenvolvimento*, e o livro de 1967, *Teoria e Política do Desenvolvimento Econômico*.

Celso Furtado, economista brasileiro, nordestino nascido em Pombal – Paraíba –, figura entre os principais intérpretes da história do Brasil e, possivelmente, o mais importante economista brasileiro de todos os tempos. Seu livro mais conhecido, *Formação Econômica do Brasil*, de 1958, cerca de sessenta anos depois, se constitui ainda em referência central para a compreensão da formação histórica e social do Brasil e de sua trajetória subsequente de (sub)desenvolvimento.

Assim como Raúl Prebisch, será uma das principais referências teóricas do pensamento econômico latino-

-americano, especialmente na consolidação da abordagem teórica estruturalista. Em seu prefácio à *Formação Econômica da América Latina*, em 1976, Furtado destaca a consciência crescente de que, na América Latina, mais do que em qualquer outra região, os obstáculos ao desenvolvimento seriam principalmente de natureza institucional e, por conseguinte, estrutural.

Com relação ao papel da Cepal, Furtado (1976) destaca que a atuação da comissão permitiu uma compreensão melhor da natureza da dependência externa das nações latino-americanas, constituindo-se num divisor de águas:

> A partir dessas análises já não cabia admitir como hipótese de trabalho a possibilidade de reversão a uma situação em que as exportações de produtos primários desempenhavam o papel de principal centro propulsor do desenvolvimento regional.[159]

Complexidade, subdesenvolvimento e dependência

Furtado (1961) salienta que as distintas dotações de fatores, as diferentes características institucionais e os diversos graus de desenvolvimento fazem de cada economia nacional um fenômeno particular de desenvolvimento. Por outro lado, embora o desenvolvimento econômico seja um fenômeno com nítida dimensão histórica – uma vez que o processo de desenvolvimento de cada economia leva ao enfrentamento de problemas específicos –, isso não significa que o trabalho do economista deve se limitar a uma simples descrição de casos históricos de desenvolvimento, requerendo, para tal, um instrumental analítico adequado. Nesse sentido, Furtado

---

159. Furtado, Celso. *A economia latino-americana*. São Paulo: Companhia das Letras, 2007 [1976], p. 377.

conclui que "A complexidade da ciência econômica – seu caráter abstrato e teórico – aparece, assim, com toda a plenitude na teoria do desenvolvimento econômico."[160]

O conceito de desenvolvimento compreende a ideia de crescimento superando-a, uma vez que, para que seja configurado, deve satisfazer as múltiplas necessidades do conjunto econômico nacional, estando ainda sob a ação contínua de uma grande multiplicidade de fatores sociais e institucionais. Sobre isso, diz Furtado: "[...] o crescimento de um conjunto complexo sem desenvolvimento seria aquele do qual estivesse ausente toda modificação na estrutura".[161]

Essa não correspondência direta entre crescimento e desenvolvimento é ainda mais evidente no caso das economias periféricas ou dependentes:

> Pode-se conceber a hipótese de crescimento sem desenvolvimento no caso de uma economia dependente, na qual todos os benefícios do progresso técnico do setor exportador fossem retidos no exterior. O desenvolvimento, neste caso, se manifestaria no conjunto maior que inclui tanto a economia dominada como a dominante.[162]

Desse modo, é fundamental que haja um tratamento teórico diferenciado do que é subdesenvolvimento e do que é desenvolvimento. Segundo Furtado, são fenômenos distintos, embora organicamente interligados; no prefácio à edição francesa de seu livro teórico sobre desenvolvimento, o autor afirma: "O subdesenvolvimento é aqui tratado

---

160. Furtado, Celso. *Teoria e Política do Desenvolvimento Econômico*. São Paulo: Companhia Editora Nacional, 1977 [1967], p. 4.
161. Ibidem, p. 92.
162. Ibidem, p. 92, n. 2.

como fenômeno coetâneo do desenvolvimento, consequência da forma como se vem propagando até nossos dias a revolução industrial".[163]

O conceito de economia nacional é fundamental à teoria do desenvolvimento, uma vez que permite integrar duas esferas de decisão, relativas às decisões econômicas e às decisões políticas. Conforme destacado por Furtado (1967), como nas sociedades modernas o Estado-Nação é a forma de organização sociopolítica mais importante, se o que se busca com o desenvolvimento é a satisfação das necessidades da coletividade, são as economias nacionais que devem balizar a investigação e discussão do desenvolvimento econômico.

Furtado (1975) situa o estudo das economias nacionais no escopo da teoria dos sistemas abertos,[164] pois é difícil saber "[...] se esta ou aquela decisão decorre da pressão de forças internas ou externas, ou de forças internas autônomas ou funcionalmente integradas com interesses externos".[165] Essa observação ganha especial importância no caso das economias subdesenvolvidas, por conta da importância das relações externas tanto como dinamizadoras como quanto fatores limitantes dessas economias:

> As relações externas decorrem, seja da participação em mercados internacionais particulares, seja do controle externo de decisões relacionadas com a

---

163. Furtado, op. cit., p. 14.
164. Em termos termodinâmicos, sistema aberto seria aquele no qual energia e matéria fluem dele e para ele, podendo esse sistema utilizar esse fluxo de energia e matéria para fazer frente à entropia e, assim, criar ordem, estrutura e padrões por um período de tempo.
165. Furtado, Celso. *Economia do Desenvolvimento*: curso ministrado na PUC-SP em 1975. Arquivos Celso Furtado 2. Rio de Janeiro: Contraponto; Centro Internacional Celso Furtado de Políticas para o Desenvolvimento, 2008 [1975], p. 35.

produção e o investimento. Em um e outro casos o conteúdo político das decisões econômicas pode ser maior ou menor, em função da importância relativa e da natureza das atividades controladas do exterior. E quanto maior esse conteúdo político, mais difícil será encontrar coerência interna no sistema econômico se se pretende analisá-lo como um sistema fechado.[166]

Furtado destaca que as nações periféricas não possuem centros próprios de decisão capazes de efetivamente coordenar as suas atividades internas. Assim, conclui o autor que a deterioração dos termos de intercâmbio, tal como destacado pela tese Singer-Prebisch, teria a raiz de seu problema residindo na rigidez estrutural e na incapacidade dos centros internos de decisão em introduzir as modificações necessárias nessas estruturas, compondo essa a questão crucial do fenômeno da dependência externa. E, por conseguinte, também da constituição da armadilha do subdesenvolvimento.

Entraves ao desenvolvimento da periferia

Furtado (1961) destaca que, ao crescerem pela simples assimilação de técnicas já existentes,[167] os países subdesenvolvidos incorrem no risco, quase certo, de provocar subemprego estrutural de fatores. As economias subdesenvolvidas, ao adotarem precocemente uma tecnologia poupadora de mão de obra, importada do exterior, teriam

---

166. Furtado, op. cit., p. 35.
167. Como bem destaca Furtado (*Desenvolvimento e Subdesenvolvimento*. Rio de Janeiro: Contraponto, 2009 [1961], p. 159), há uma interdependência "[...] entre a evolução da tecnologia nos países industrializados e as condições históricas do seu desenvolvimento econômico. Essa tecnologia, na forma em que se apresenta hoje, incorporada aos equipamentos industriais, resulta, portanto, de um lento processo de decantação".

induzido as suas próprias estruturas a perpetuarem a heterogeneidade tecnológica, refletida na esfera social sob a forma de uma massa de população subempregada. Por isso, o autor afirma que "A sociedade se moderniza antes de que [sic] a economia se desenvolva";[168] ou ainda,

> o desenvolvimento (ou melhor, progresso na concepção vulgar) passou a confundir-se com importação de certos padrões culturais, ou seja, com a modernização dos estilos de vida.[169]

As nações subdesenvolvidas tendem a emular padrões de consumo superiores por meio de suas classes de mais alta renda. Essa demanda, por sua vez, acabaria acarretando a concentração de recursos na produção desses bens a que somente elas teriam acesso. E, no geral, são esses setores produtivos com tecnologia ainda mais intensiva em capital e, portanto, ainda menos absorvedores de mão de obra. Portanto, a persistência do subdesenvolvimento seria observável mesmo com a modernização da estrutura produtiva, especialmente se for concentrada em setores capital-intensivos. Assim sendo, para Furtado, o subdesenvolvimento seria fruto das condições históricas que criaram obstáculos à absorção do setor pré-capitalista – que continua a existir, mesmo com a modernização – e que transformaram a heterogeneidade estrutural numa característica permanente dessas economias.

Seriam esses setores produtores dos chamados bens de luxos dotados de baixo poder germinativo.[170] Quanto

---
168. Furtado, 1975, p. 86.
169. Furtado, 1967, p. 247.
170. Esse conceito aparece em Furtado, Celso. *Raízes do subdesenvolvimento*. Rio de Janeiro: Civilização Brasileira, 2011 [1973], p. 110 e Furtado, 1976, p. 186.

maior o poder germinativo, maior seria a capacidade de engendrar transformações no sistema econômico:

> Tudo se passa como se o processo de desenvolvimento fosse uma cadeia de situações interdependentes, na qual certas situações dependem das que ocorreram anteriormente, mas também possuem capacidade germinativa própria, capaz de modificar as tendências que até então se vinham manifestando [...] A intensidade com que se efetua o desenvolvimento depende da eficácia dos centros que tomam decisões estratégicas e da plasticidade das estruturas.[171]

Ainda sobre o mesmo trecho extraído de Furtado, note-se que o aproveitamento da capacidade germinativa teria ao menos duas fontes de condicionantes internos cruciais: relativos à tomada de decisões – ou ao planejamento – e às condições estruturais. Sobre a necessidade de planejamento, deriva-se a importância da atuação estatal. Quanto às condições estruturais, implica-se a elas uma capacidade nada negligenciável de levar os efeitos positivos possibilitados pelo avanço da matriz produtiva se transformarem em desenvolvimento econômico. E essas modificações estruturais não seriam geradas espontaneamente; sua efetivação implicaria a atuação direta e planejada do Estado.

Enquanto elemento propulsor do desenvolvimento – e com alto poder germinativo –, o setor industrial recebe destaque porque traria, supostamente, a chave da libertação da dependência das nações periféricas. Furtado (1967) argumenta que, para que o setor industrial pudesse desempenhar autonomamente o papel de elemento pro-

---
171. Furtado, 1976, p. 200-201.

pulsor do desenvolvimento, sua estrutura deveria implicar que a utilização de sua capacidade produtiva tivesse como contrapartida a realização de um nível adequado de investimentos no conjunto de toda a economia. Ou seja, deveria haver um balanceamento de desenvolvimento entre os diversos setores da economia, tanto para potencializar os seus efeitos de encadeamentos positivos, quanto, possivelmente, para que não representassem empecilhos ao aproveitamento desses efeitos cumulativos positivos à transformação da estrutura produtiva.

Furtado destaca a importância da diversificação da estrutura produtiva, como um dos requisitos para se alcançar uma trajetória de desenvolvimento sustentável, mas alerta para a insuficiência de tal requisito. A não suficiência da satisfação da condição de diversificação produtiva para os fins do desenvolvimento encontraria parte de sua explicação na própria situação de dependência externa das nações subdesenvolvidas: "o comportamento das economias subdesenvolvidas não pode ser explicado sem que se tenham em conta as normas que regem sua inserção no sistema econômico internacional".[172]

Desenvolvimento periférico

A diferenciação teórica do desenvolvimento das nações periféricas, sob a perspectiva de Furtado, sintetiza-se no conceito de desenvolvimento periférico:

> Desenvolvimento periférico passa a ser, portanto, a diversificação (e a ampliação) do consumo de uma minoria cujo estilo de vida é ditado pela evolução

---
172. Furado, 1967, p. 244-245.

cultural dos países de alta produtividade e onde o desenvolvimento se apoiou, desde o início, no progresso tecnológico.[173]

Por suas benesses estarem restritas a um pequeno conjunto da população – aqueles com mais alta renda –, a própria difusão do progresso técnico importado do exterior – e dos seus efeitos sobre a produtividade – mostra-se prejudicada, implicando uma retenção do próprio processo de desenvolvimento. Novamente, há que se destacar a dimensão cultural do dualismo – ou heterogeneidade estrutural –, ligada ao quadro da dependência das nações periféricas, que tendem a imitar o padrão de consumo das nações centrais, mesmo antes de ter desenvolvido suficientemente a sua estrutura produtiva. Para o autor, não há como compreender o fenômeno do dualismo estrutural sem levar em consideração a influência externa a que está sujeita a economia dependente:

> Na economia dependente existirá, sob a forma de um "enclave" social, um grupo culturalmente integrado nos subsistemas dominantes. O dualismo tem, portanto, desde o início uma dimensão cultural.[174]

Assim, Furtado conclui que a industrialização, por si só, não conduziria ao desenvolvimento. Pelo contrário, sem que se observassem políticas complementares à industrialização, visando ao desenvolvimento como resultado, poderia ser observado, em decorrência da industrialização, um fortalecimento das disparidades existentes.

---

173. Furtado, 1967, p. 248.
174. Ibidem, p. 249-250.

Reformas de base

Os instrumentos de política econômica devem fazer frente à complexidade dos seus objetivos. Furtado (1967), mesmo reconhecendo a importância dos modelos matemáticos[175] na formulação de políticas complexas, alerta que, no caso das nações subdesenvolvidas, requerentes de amplas reformas estruturais – bem como transformações sociais –, os modelos referidos teriam alcance limitado. De certa forma, face à quantidade de mudanças a serem empreendidas, em certo sentido, tudo seria variável:

> Uma vez introduzidas, as reformas podem modificar fundamentalmente o comportamento das variáveis econômicas, sendo necessário redefinir toda a estrutura do modelo [...] Desta forma, supera-se o domínio da política econômica convencional para abordar o das estratégias, visando a transformar as estruturas.[176]

Os países subdesenvolvidos devem conceber uma estratégia de modificação da própria estrutura. Por isso, para Furtado, o problema central dos países subdesenvolvidos não seria a formulação de planos convencionais de desenvolvimento, e sim a escolha de uma estratégia que permitisse modificar igualmente as suas estruturas. Portanto, se não forem engendradas reformas estruturais profundas – ou seja, reformas de base,[177] tais como reforma tributária

---

175. Segundo Furtado, "Chamamos de modelo a um conjunto coerente de relações entre dados passíveis de expressão quantitativa, capaz de explicar o funcionamento de uma unidade econômica simples ou complexa" (1967, p. 268).
176. Ibidem, p. 271-272.
177. Vale relembrar que Celso Furtado, como Ministro Extraordinário do Planejamento, foi responsável pela elaboração do Plano Trienal de Desenvolvimento,

e reforma agrária, por exemplo –, não haveria como conceber planos de desenvolvimento bem-sucedidos.

Em decorrência também da inadequação das suas estruturas, o processo de crescimento e desenvolvimento das nações periféricas implicaria uma série de desequilíbrios. Referindo-se especialmente ao desequilíbrio no balanço de pagamentos e à inflação, Furtado (1961) destaca a necessidade de investigação das causas estruturais que expliquem a persistência dos desequilíbrios que acompanham as transformações das economias subdesenvolvidas. Nesse sentido, diz o autor assertivamente:

> A menos que se possam prever e evitar esses desajustamentos, pagaremos, para não ter inflação e desequilíbrio externo, o preço de aceitar a estagnação ou, no mínimo, um ritmo mais lento de crescimento.[178]

Outro desequilíbrio importante destacado por Furtado refere-se à tendência ao sobre investimento em determinadores setores, gerando capacidade ociosa nesses e insuficiência de capacidade produtiva em outros, mantendo, por isso, gargalos produtivos e heterogeneidade estrutural. Isso ocorreria porque o risco inerente ao investimento em setores ainda não consolidados ou maduros no mercado interno seria muito maior. Desse modo, se os recursos para investimento aumentassem, os investidores privados tenderiam a alocá-los em setores mais tradicionais ou com mercado consumidor mais consolidado. Assim, mais um motivo se colocava à necessidade de planejamento, pois se não houver uma orientação de onde alocar os recursos,

---

o qual pressupunha o acontecimento de reformas de base de caráter redistributivo e progressivo para dar sustentação ao processo de desenvolvimento.
178. Furtado, 1961, p. 200.

se forma uma tendência a criar um desequilíbrio interno entre a estrutura de oferta e a composição da procura.

Destacando o que seria o cerne do problema das economias latino-americanas, com tendência à manutenção das grandes disparidades de concentração de renda e riqueza, explica Furtado (1973):

> [...] em países de mercados relativamente pequenos, a coexistência de um setor pré-capitalista com um setor industrial que absorve tecnologia cada vez mais orientada para economias de escala e impõe um coeficiente de capital em rápido crescimento, o padrão de distribuição de renda tende a aplicar os recursos produtivos de forma a reduzir sua eficiência econômica, concentrando ainda mais a renda, num processo causal circular.[179]

Furtado conclui que o cerne do problema das economias periféricas não estaria no comportamento dos agentes econômicos, que supostamente se guiariam por critérios racionais de decisão, mas nas condições estruturais que delimitavam o campo social no qual as decisões relevantes eram tomadas. Por isso a crucialidade da promoção de modificações estruturais profundas, por meio de reformas de base.

São os fatores estruturais – relacionados não somente à composição da estrutura produtiva, mas principalmente relativos a instituições – que determinam a forma como se realiza a distribuição de recursos, seja no âmbito das condições de apropriação do excedente econômico quanto de uma relativa falta de autonomia das decisões ligadas ao mercado interno, dado o contexto de dependência. Assim,

---

179. Furtado, 1973, p. 148.

sem a promoção de reformas estruturais complementares, a diminuição da economia de subsistência e o incremento de setores industriais não seria solução suficiente para melhorar o padrão de vida da maior parte da população e, portanto, para gerar desenvolvimento:

> Basta que o excedente seja consumido por uma minoria privilegiada que diversifica e amplia permanentemente um consumo abastecido do exterior e/ou invertido no exterior para que se mantenha o equilíbrio de subdesenvolvimento.[180]

A apropriação do excedente econômico está diretamente relacionada à estrutura de poder – especialmente, o sistema político[181] – da sociedade. Furtado sugere inclusive que a manutenção das desigualdades dependeria muito menos do controle por grupos privados dos bens de produção, do que do controle por esses grupos, seja diretamente ou por intermédio do Estado, da criatividade científica e tecnológica. Para o autor, há uma relação de retroalimentação entre a forma de dominação política, a forma de dominação cultural e a maneira de apropriação dos frutos do progresso tecnológico. Em suas palavras:

> A forma particular de difusão dos frutos de um progresso tecnológico socialmente orientado cria para a minoria que se apropria do excedente uma situação de dominação cultural, a partir da qual ela legitima ideologicamente o sistema político.[182]

---

180. Furtado, 1975, p. 36.
181. Segundo Furtado (1975, p. 42), "O sistema político compreende o conjunto de normas cuja aplicação assegura a apropriação e reprodução desse excedente."
182. Ibidem, p. 44.

Nesse mesmo sentido, argumentara Furtado (1967) que, no controle das estruturas de poder, bem como na apropriação e utilização do excedente por ele permitido, estariam os principais obstáculos ao desenvolvimento dos países subdesenvolvidos.

Identificada essa relação de mútua causalidade, para inverter a tendência à estagnação, seria necessário romper os obstáculos estruturais responsáveis por ela. Esse feito só poderia ser realizado, segundo Furtado, por meio de uma atuação simultânea no lado oferta, conferindo-lhe maior flexibilidade, e no lado da demanda, de modo a modificar seu perfil. Como coordenar as modificações em ambas as esferas? Furtado responde: "Essa complexa coordenação de decisões somente é viável no quadro do planejamento, isto é, de uma estratégia capaz de condicionar os processos econômicos no seu conjunto".[183]

Conclusão: saída para a armadilha do subdesenvolvimento

Em texto intitulado *A Armadilha Histórica do Subdesenvolvimento*, Furtado destaca que a forma de assimilação periférica do progresso técnico passou a ser denominada de modernização nos anos 1970, em virtude de se realizar, quase que exclusivamente, no plano do estilo de vida, sem provocar grandes transformações na estrutura produtiva.

Como discutido acima, esse processo de modernização teria agravado a concentração de renda e riqueza, tornando inevitável a formação e perpetuação do dualismo (ou heterogeneidade) estrutural. Dessa maneira, segundo o autor, seria possível inferir que

---

183. Furtado, 1975, p. 290-291.

a inserção inicial no processo de difusão do progresso tecnológico pelo lado da demanda de bens finais de consumo conduz a uma conformação estrutural que bloqueia a passagem do crescimento ao desenvolvimento.[184]

Estava posta, para o autor, a questão: como sair da armadilha do subdesenvolvimento? Como condição necessária, além da industrialização, apresenta-se a consecução de reformas estruturais ou de base, que alterem as estruturas de poder e a maneira de apropriação e distribuição do excedente econômico.

Essa conclusão de Furtado relaciona o modelo de crescimento, a forma de absorção do progresso tecnológico e as desigualdades e disparidades iniciais e resultantes na periferia. A resultante dos efeitos de retroalimentação desses fatores conduziu a uma conformação estrutural que acabou bloqueando o alcance do desenvolvimento, mesmo diante de crescimento econômico. Para tentar reverter essa situação, as reformas estruturais, relacionados tanto do lado da oferta quanto do lado da demanda, comporiam condições necessárias.

Assim, Furtado, tal como Prebisch e autores representantes do estruturalismo cepalino, concedem ênfase às mudanças e reformas estruturais. Sem elas, a industrialização, mesmo planejada, não cumpre a promessa de desenvolvimento. Esses autores extrapolam, por isso, considerações do escopo da estrutura de oferta propriamente dita. Destacam as relações de causalidade e retroalimentação entre as estruturas de poder e distribuição do excedente econômico: a tecnologia absorvida, o perfil de demanda resultante, a

---

184. Furtado, *Brasil*: a construção interrompida. Rio de Janeiro: Paz e Terra, 1992, p. 47.

dependência externa e a perpetuação do dualismo estrutural – e da desigualdade – que já compunham a condição inicial da periferia subdesenvolvida.

REFERÊNCIAS

ARNDT, Heinz Wolfgang. **Economic Development**: the History of an Idea. Chicago: The University of Chicago Press, 1987.

ARTHUR, William Brian. **Complexity and the Economy**. New York: Oxford University Press, 2015.

CARDOSO, Fernanda Graziella. **A armadilha do subdesenvolvimento**: uma discussão do período desenvolvimentista brasileiro sob a ótica da abordagem da complexidade. 2012. 263f. Tese (Doutorado em Economia das Instituições e do Desenvolvimento) – Universidade de São Paulo, São Paulo.

DOSMAN, Edgar Jr. **Raúl Prebisch (1901-1986)**: a construção da América Latina e do terceiro mundo. Tradução Teresa Dias Carneiro e César Benjamin. Rio de Janeiro: Contraponto; Centro Internacional Celso Furtado, 2011.

DUTT, Amitava. Kalecki e os kaleckianos: a relevância atual de Kalecki. In: POMERANZ, Lenina; MIGLIOLI, Jorge; LIMA, Gilberto Tadeu (orgs.). **Dinâmica Econômica do Capitalismo Contemporâneo**: Homenagem a M. Kalecki. São Paulo: Edusp, 2001.

FURTADO, Celso. Formação de Capital e Desenvolvimento Econômico. In: AGARWALA, A.; SINGH, S. P. (eds.). **A Economia do Subdesenvolvimento**. Rio de Janeiro: Forense, 1969 [1954].

_____. **Desenvolvimento e Subdesenvolvimento**. Rio de Janeiro: Contraponto, 2009 [1961].

_____. **Teoria e Política do Desenvolvimento Econômico**. São Paulo: Companhia Editora Nacional, 1977 [1967].

_____. **Raízes do subdesenvolvimento**. Rio de Janeiro: Civilização Brasileira, 2011 [1973].

_____. **Economia do Desenvolvimento**: curso ministrado na PUC/SP em 1975. Arquivos Celso Furtado 2. Rio de Janeiro: Contraponto; Centro Internacional Celso Furtado de Políticas para o Desenvolvimento, 2008 [1975].

_____. **A economia latino-americana**. São Paulo: Companhia das Letras, 2007 [1976].

_____. **Brasil**: a construção interrompida. Rio de Janeiro: Paz e Terra, 1992.

HAUSMANN, Ricardo; et al. The Atlas of Economic Complexity – Mapping Paths to Prosperity. Cambridge: Center for International Development at Harvard University, Harvard Kennedy School, Macro Connections Media Lab, MIT, 2015.

HIRSCHMAN, Albert Otto. **The Strategy of Economic Development**. New Haven: Yale University Press, 1958.

_____. The Rise and Decline of Development Economics. In: _____. **Essays in Trespassing**: Economics to Politics and Beyond. Cambridge: Cambridge University Press, 1981.

_____. A Dissenter's Confession: The Strategy of Economic Development Revisited. In: MEIER, Gerald; SEERS, Dudley (ed.). **Pioneers in Development**. Washington: Oxford University Press, 1984.

KALECKI, Michal. **Teoria da Dinâmica Econômica**. Os Economistas. São Paulo: Nova Cultural, 1985 [1954a].

_____. The Problem of Financing Economic Development. **Essays on Developing Economics**. Brighton: The Harvester Press Limited, 1976 [1954b].

_____. Unemployment in Underdeveloped Countries. **Essays on Developing Economics**. Brighton: The Harvester Press Limited, 1976 [1960].

_____. The Difference between Perspective Planning in Socialist and Mixed Economies. **Essays on Developing Economics**. Brighton: The Harvester Press Limited, 1976 [1963].

_____. Observations on Social and Economic Aspects of 'Intermediate Regimes'. **Essays on Developing Economics**. Brighton: The Harvester Press Limited, 1976 [1967].

_____. The Difference between Crucial Problems of Developed and Underdeveloped Non-Socialist Economies. **Essays on Developing Economics**. Brighton: The Harvester Press Limited, 1976 [1968].

_____. Problems of Financing Economic Development in a Mixed Economy. **Essays on Developing Economics**. Brighton: The Harvester Press Limited, 1976 [1970].

_____; SACHS, Ignacy. "Forms of Foreign Aid: an Economic Analysis. **Essays on Developing Economics**. Brighton: The Harvester Press Limited, 1976 [1966].

KEYNES, John Maynard. **A teoria geral do emprego, do juro e da moeda**. Os Economistas. São Paulo: Nova Cultural, 1985 [1936].

LEWIS, Arthur. O desenvolvimento econômico com oferta ilimitada de mão-de-obra. In: AGARWALA, A. N.; SINGH, S. P. (eds.). **A Economia do Subdesenvolvimento**. Rio de Janeiro: Forense, 1969 [1954].

_____. **A Teoria do Desenvolvimento Econômico**. Rio de Janeiro: Zahar, 1960 [1955].

_____. Development Economics in the 1950s. In: MEIER, Gerald; SEERS, Dudley (eds.). **Pioneers in Development**. Washington: Oxford University Press, 1984.

MYRDAL, Gunnar. International Inequality and Foreign Aid in Retrospect. In: MEIER, Gerald; SEERS, Dudley (ed.). **Pioneers in Development**. Washington: Oxford University Press, 1984.

_____. **Teoria Econômica e Regiões Subdesenvolvidas**. 2. ed. Rio de Janeiro: Saga, 1968 [1957].

NURKSE, Ragnar. Alguns Aspectos Internacionais do Desenvolvimento Econômico. In: AGARWALA, A. N.; SINGH, S. P. (eds.). **A Economia do Subdesenvolvimento**. Rio de Janeiro: Forense, 1969 [1952].

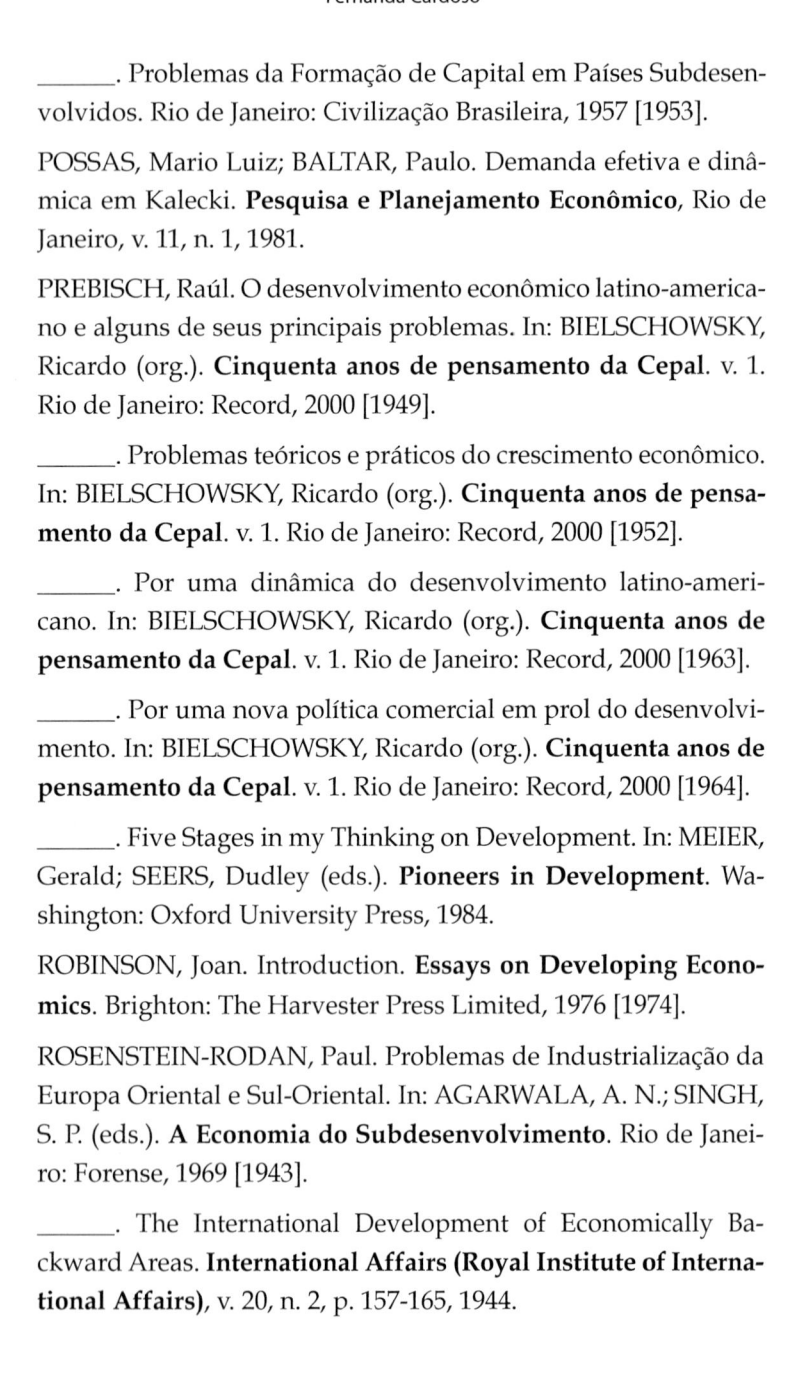

_____. Problemas da Formação de Capital em Países Subdesenvolvidos. Rio de Janeiro: Civilização Brasileira, 1957 [1953].

POSSAS, Mario Luiz; BALTAR, Paulo. Demanda efetiva e dinâmica em Kalecki. **Pesquisa e Planejamento Econômico**, Rio de Janeiro, v. 11, n. 1, 1981.

PREBISCH, Raúl. O desenvolvimento econômico latino-americano e alguns de seus principais problemas. In: BIELSCHOWSKY, Ricardo (org.). **Cinquenta anos de pensamento da Cepal**. v. 1. Rio de Janeiro: Record, 2000 [1949].

_____. Problemas teóricos e práticos do crescimento econômico. In: BIELSCHOWSKY, Ricardo (org.). **Cinquenta anos de pensamento da Cepal**. v. 1. Rio de Janeiro: Record, 2000 [1952].

_____. Por uma dinâmica do desenvolvimento latino-americano. In: BIELSCHOWSKY, Ricardo (org.). **Cinquenta anos de pensamento da Cepal**. v. 1. Rio de Janeiro: Record, 2000 [1963].

_____. Por uma nova política comercial em prol do desenvolvimento. In: BIELSCHOWSKY, Ricardo (org.). **Cinquenta anos de pensamento da Cepal**. v. 1. Rio de Janeiro: Record, 2000 [1964].

_____. Five Stages in my Thinking on Development. In: MEIER, Gerald; SEERS, Dudley (eds.). **Pioneers in Development**. Washington: Oxford University Press, 1984.

ROBINSON, Joan. Introduction. **Essays on Developing Economics**. Brighton: The Harvester Press Limited, 1976 [1974].

ROSENSTEIN-RODAN, Paul. Problemas de Industrialização da Europa Oriental e Sul-Oriental. In: AGARWALA, A. N.; SINGH, S. P. (eds.). **A Economia do Subdesenvolvimento**. Rio de Janeiro: Forense, 1969 [1943].

_____. The International Development of Economically Backward Areas. **International Affairs (Royal Institute of International Affairs)**, v. 20, n. 2, p. 157-165, 1944.

_____. Natura Facit Saltum: Analysis of the Disequilibrium. In: MEIER, Gerald; SEERS, Dudley (eds.). **Pioneers in Development**. Washington: Oxford University Press, 1984.

SCHUMPETER, Joseph. **A Teoria do Desenvolvimento Econômico**. Os Economistas, São Paulo: Abril Cultural, 1985 [1912].

SINGER, Hans Wolfgang. The Distribution of Gains between Investing and Borrowing Countries. **The American Economic Review**, v. 40, n. 2, p. 473-485, 1950.

_____. O mecanismo do desenvolvimento econômico. In: AGARWALA, A. N.; SINGH, S. P. (eds.). **A Economia do Subdesenvolvimento**. Rio de Janeiro: Forense, 1969 [1952].

_____. The Terms of Trade Controversy and the Evolution of Soft Financing: Early Years in the U. N. In: MEIER, Gerald; SEERS, Dudley (ed.). **Pioneers in Development**. Washington: Oxford University Press, 1984.

_____. The Relevance of Keynes for Developing Countries. In: WATTEL, H. (ed.). **The Policy Consequences of JMK**. London: MacMillan, 1985.

TAVARES, Maria da Conceição. Auge e declínio do processo de substituição de importações no Brasil. In: TAVARES, Maria da Conceição. **Da substituição de importações ao capitalismo financeiro**. Rio de Janeiro: Zahar, 1972 [1963].

Título	Nove Clássicos do Desenvolvimento Econômico
Autora	Fernanda Cardoso
Coordenação Editorial	Simone Silva
Assistência Editorial	Carla Lima
	Paloma Almeida
Capa e Projeto Gráfico	Matheus de Alexandro
Assistência Gráfica	Bruno Balota
Preparação	Thaís Fernanda Cezarino
Revisão	Márcia Santos
Formato	14 x 21 cm
Número de Páginas	156
Tipografia	Book Antiqua
Papel	Alta Alvura Alcalino 75g/m²
1ª Edição	Novembro de 2018

Caro Leitor,

Esperamos que esta obra tenha correspondido às suas expectativas.

Compartilhe conosco suas dúvidas e sugestões escrevendo para:

atendimento@editorialpaco.com.br

Conheça outros títulos em
www.pacolivros.com.br

Publique Obra Acadêmica pela Paco Editorial

Teses e dissertações
Trabalhos relevantes que representam contribuições significativas para suas áreas temáticas.

Grupos de estudo
Resultados de estudos e discussões de grupos de pesquisas de todas as áreas temáticas. Livros resultantes de eventos acadêmicos e institucionais.

Capítulo de livro
Livros organizados pela editora dos quais o pesquisador participa com a publicação de capítulos.

Saiba mais em
www.editorialpaco.com.br/publique-na-paco/

PACO EDITORIAL

Av. Carlos Salles Block, 658
Ed. Altos do Anhangabaú – 2º Andar, Sala 21
Anhangabaú - Jundiaí-SP - 13208-100
11 4521-6315 | 2449-0740
contato@editorialpaco.com.br